Handboek voor Klimaatverzet

Of, Ik heb meegedaan aan een klimaatactie, <u>wat nu</u>?

350

Gepubliceerd door Daniel Hunter. © 2019 Daniel Hunter. Alle afbeeldingen zijn gebruikt met toestemming, © 2019 350.org. Omslagafbeeldingen voor en achter door Daphne Philippoussis. Tekeningen aan de binnenkant door J'ziah Cook (instagram @virgo_artistry) en Daphne Philippoussis (instagram @killedmykactus)
   ISBN #978-1-71671-174-9.

350.org is een internationale beweging van gewone mensen die werkt aan het beëindigen van het tijdperk van fossiele brandstoffen en het opbouwen van een wereld van door de gemeenschap geleide hernieuwbare energie voor iedereen. Zo komen we daar:

1. Een snelle en rechtvaardige overgang naar 100% hernieuwbare energie voor iedereen. Versnel de overgang naar een nieuwe, rechtvaardige, schone energie-economie door het ondersteunen van door de gemeenschap geleide energieoplossingen.

2. Geen Nieuwe Fossiele Brandstof Projecten Waar Dan Ook. Stop en verbied alle olie-, kolen- en gasprojecten te bouwen door middel van lokale resoluties en verzet van de gemeenschap.

3. Geen cent meer voor Vuile Energie. Stop de sociale licentie en financiering voor fossiele brandstofbedrijven - desinvesteren, desponsoren en definancieren.

Sluit je bij ons aan op 350.org.

Inhoudspagina

Voorwoord

Door Greta Thunberg

(Greta staakt elke vrijdag van school, door buiten het Zweedse parlement te staan en verbetering te eisen van de Zweedse regering. Haar actie had effect. Honderdduizenden leerlingen in meer dan honderd landen doen mee aan de internationale schoolstakingen voor het klimaat.)

IK WIL JE HOOP NIET. Ik wil niet dat je hoopvol bent. Ik wil dat je in paniek raakt. Ik wil dat je de angst voelt die ik dagelijks voel. En dan wil ik dat je handelt. Rond het jaar 2030 zullen we in een positie zijn waarin we een onomkeerbare kettingreactie ontketenen buiten menselijke controle, die waarschijnlijk zal leiden tot het einde van onze beschaving zoals we die kennen. Tenzij tot die tijd permanente en ongekende veranderingen in alle aspecten van onze maatschappij hebben plaatsgevonden, inclusief een afname van de CO2 uitstoot met ten minste vijftig procent. En bedenk dat deze berekeningen uitgaan van uitvindingen die nog niet zijn uitgevonden op schaal, uitvindingen die de atmosfeer zouden moeten ontdoen van astronomische hoeveelheden koolstofdioxide. Deze wetenschappelijke berekeningen tellen de al opgevangen opwarming, verborgen door giftige luchtvervuiling, niet mee. Ook het aspect van klimaatrechtvaardigheid, duidelijk vermeld in het Parijs akkoord, dat absoluut noodzakelijk is om het te laten werken op wereldschaal wordt niet meegerekend. We moeten ook onthouden dat dit alleen berekeningen zijn. Schattingen. Dat betekent dat deze "punten waarop geen terugkeer mogelijk is" iets eerder of later dan 2030 kunnen plaatsvinden. Niemand kan het zeker weten. We kunnen echter wel zeker zijn dat ze ongeveer in deze tijdspanne zullen plaatsvinden, want deze berekeningen zijn geen meningen of wilde gokken. Mensen zeggen altijd tegen mij en de andere miljoenen schoolstakers dat we trots moeten zijn op wat we hebben bereikt. Maar het enige waar we naar moeten kijken is de emissiecurve. En het spijt me, maar die stijgt nog steeds. Die curve is het enige waar we naar moeten kijken. Elke keer dat we een besluit nemen moeten we ons afvragen; hoe zal dit besluit de curve beïnvloeden? We moeten onze rijkdom en ons succes niet meer meten op de grafiek die economische groei meet, maar op de curve die onze uitstoot van broeikasgassen meet. We moeten niet meer alleen vragen:"Hebben we genoeg geld om dit te doen?" maar ook: "Hebben we genoeg fossiele brandstoffen budget over om dit te doen?" Dat moet de kern van onze nieuwe valuta worden. De klimaatcrisis is tegelijk het makkelijkste en het moeilijkste probleem dat we ooit hebben moeten oplossen. Het makkelijkste omdat we weten wat we moeten doen. We moeten onze uitstoot van broeikasgassen stoppen. Het moeilijkste omdat onze huidige economie nog volledig afhankelijk is van het verbranden van fossiele brandstoffen, en daarmee het verwoesten van ecosystemen om eeuwige economische groei de creëren. Het fundamentele probleem is overal hetzelfde. En het fundamentele probleem is dat er praktisch niks wordt gedaan om de klimaat- en ecologische crises te stoppen of zelfs te vertragen, ondanks alle mooie woorden en beloftes. Ik hoop dat je met mee zal doen door te handelen. Ik hoop dat dit boek je helpt om een plek te vinden om te beginnen en door te gaan. Want het voorkomen van klimaatontwrichting zal 'cathedral thinking' vereisen. We moeten het fundament leggen terwijl we misschien nog niet precies weten hoe we het dak gaan bouwen. We weten niet precies wat we moeten doen.

Maar we moeten de volgende stap zetten. We moeten handelen, om de politiek te veranderen die deze verwoesting laat doorgaan. We moeten dringend handelen, want we moeten simpelweg een manier vinden.

Introductie

IK ORGANISEERDE MIJN EERSTE ACTIE IN MIJN RUSTIGE WOONPLAATS. Een groep van ons demonstreerde in het centrum van de stad. We zongen liedjes. We riepen leuzen. We kwamen aan bij het stadhuis. Ik had niet doordacht hoe het eruit zou zien om onze burgemeester te confronteren. Dus we kwamen opdagen en gaven geïmproviseerde boodschappen. We keerden triomfantelijk terug naar huis, nadat we onze boodschap hadden afgeleverd. Aangezien niemand in mijn geboortestad activistisch is, was dit voorpaginanieuws. Ik beefde van opwinding toen ik mijn citaten in de stadskrant las. De volgende dagen had ik twee sterke - en verschillende - gevoelens. Een daarvan was de trotse opwinding. Ik had een adrenalinestoot van de risico's die we hadden genomen. Ik was trots op degenen die de liedjes hadden geleid. Op onze sprekers. Niemand van ons had zoiets eerder gedaan. Ik was trots op al die mensen die tijd opgaven om met vrienden door te brengen of om schoolwerk in te halen en in plaats daarvan deelnamen aan de actie. De volgende dagen vervaagde de gloed van de actie. Ik werd me bewust van een tweede gevoel. Het leek op een beklemmende zorg. Ik vreesde dat het niet genoeg was of dat de actie niet zo goed had gewerkt als we hadden gehoopt. Ik zag dat er daarna niets meer veranderde, ook al voelden we ons zo krachtig. Ik vroeg me af of het de moeite waard was. Twijfel kroop binnen. Ik zat met twee verschillende gevoelens: het gevoel van succes en de zorg dat we niet echt een verandering teweeg brachten. Ik had aan beide kunnen toegeven. Maar in plaats daarvan begon ik me af te vragen: *Wat is hier strategisch? Hoe kunnen mijn lokale acties echte veranderingen teweegbrengen? Hoe gaan we van eenmalige acties naar een hele beweging, waar allerlei mensen uit alle lagen van de bevolking samenkomen voor een gemeenschappelijk doel?*

Dit boek is voor diegenen onder jullie die, net als ik, deel hebben uitgemaakt van een actie en wilden weten: *Wat is het volgende? Hoe kan ik me niet alleen machtiger voelen - maar het ook zijn?*

Het gevoel van urgentie op het gebied van klimaat is nog nooit zo groot geweest als nu. We bevinden ons in een ernstige crisis. Als de mensheid een planeet wil hebben zoals we die al miljoenen jaren hebben, moeten we ons aanpassen. We moeten veranderen. We moeten het snel doen. Gelukkig hebben we een rijkdom aan oudere, meer ervaren mensen om van te leren. De gewone mensen hebben de loop van de geschiedenis veranderd. Ze hebben ijzersterke regeringen omvergeworpen, gevochten voor inclusie, voor meer democratische en eerlijke systemen. Terwijl de machthebbers zich verzetten, gebruikten zij die minder macht hadden sociale bewegingen om verandering af te dwingen. We kunnen van hen leren dat verandering niet alleen maar gebeurt omdat een kwestie belangrijk is. Mensen moeten vechten voor het klimaat op aarde. Dit komt omdat het klimaat een hele reeks van vijanden heeft: overheden, bedrijven, mediabronnen, en soms ook onze eigen consumptie en ons eigen gedrag. Dus we moeten ons verbinden om een zo sterk mogelijke beweging te creëren. Bewegingen winnen omdat ze de gevoelens van urgentie, woede, angst - en ons gevoel dat dit verkeerd is - kanaliseren in een kracht voor verandering.

Als je dit ook voelt, dan is dit boek voor jou. Laten we beginnen!

Hoofdstuk 1: Bewegingen

HASHBAT HULAN WALGDE VAN haar overheid. De situatie in de jaren tachtig in Mongolië was hard. De Mongolen werden geregeerd door een harde autoritaire regering. De regering verpletterde alle meningsverschillen en liet één politieke partij - hun partij - over. Als student besloot Hashbat om voor verandering te zorgen. Ze ontmoette in het geheim andere jongeren. Ze spraken over het afdwingen van een verandering van de regering. Sommigen zeiden dat het niet kon. Maar Hashbat en anderen gingen verder. De jongeren namen een enorm risico. Ze wisten dat de regering geweld zou gebruiken om hen tegen te houden. De regering had bijna de hele boeddhistische gemeenschap weggevaagd. Het had één op de vijf monniken gedood, de rest was gevlucht. Maar Hashbat wist ook dat de mensen moe waren van de huidige situatie. Niet alleen moe - boos en gefrustreerd. Die woede had geen uitlaatklep totdat Hashbat en haar vrienden met een publieke actie kwamen. Op de Internationale Dag van de Mensenrechten in 1989 riskeerde de jeugd een protest. De regering had zorgvuldig een reeks toespraken en militaire parades gepland. Het was op het grote plein, in de hoofdstad Ulaanbaatar. De jongeren organiseerden een groep van ongeveer 200 mensen. De demonstranten stonden met spandoeken tegen het bewind van de regering en riepen harder dan de rockbands waar de regering voor had betaald. Dit trok de aandacht van de mensen. De demonstranten waren niet de eersten die dit gevoel hadden. Maar ze zeiden het hardop. Ze gaven een stem aan een gevoel dat door angst was verzwegen. In die tijd fluisterden de meeste volwassenen alleen maar over de protesten. De jongeren in het hele land kopieerden ze met hun eigen marsen. Hashbat stond toen voor de vraag waar elke beweging voor staat: *Wat is het volgende?*

De jeugd sloeg snel twee paden in. De eerste was het creëren van een organisatiestructuur zodat ze beslissingen konden nemen en hun doelen konden bepalen. Ze moesten ook tactieken kiezen - de acties waarvan ze dachten dat die ze bij hun doel zouden brengen. Ze vestigden zich op een naam - de Mongoolse Democratische Unie (MDU). Ze creëerden een burgermanifest, met doelen als democratische verkiezingen, waarbij alle partijen vrij zijn om te participeren. Ze werden zo groot dat ze een coördinerend comité nodig hadden. Ze wilden niet opereren zoals de regering, met vergaderingen in het geheim. Dus besloot de MDU om openlijk te vergaderen - met meer dan 1000 leden. De tweede beslissing was om van tactiek te veranderen, en te escaleren. Dezelfde tactiek zou *routine* worden. Ze wilden geen routine zijn - ze wilden mogelijk maken wat voorheen niet mogelijk was. En ze wilden tactieken die druk zouden uitoefenen op de regering om toe te geven aan hun eisen. Het is als een spel touwtrekken. De jongeren wisten dat ze zich in een unieke positie bevonden. De meeste leiders van de groep waren goed opgeleid - sommigen waren zelfs zonen of dochters van regeringsfunctionarissen. Hashbat was de dochter van een overheidsdiplomaat. Dat bood enige bescherming. Maar ze wisten dat het winnen van hun eisen een opoffering zou vergen. Hun tactiek: in hongerstaking gaan totdat aan hun eisen is voldaan. Veel van de jeugdactivisten hadden India, Rusland en China bestudeerd, waar hongerstakingen soms succesvol waren, en soms ook niet. Het werkt niet als mensen het niet weten. Dus hielden ze de hongerstakingen op het openbare plein - waar iedereen het kon zien. Hashbat en anderen begonnen de hongerstaking op 7 maart 1990, om 14.00 uur, toen de temperatuur op het plein -15 graden Celsius was. Dat trok echt de aandacht van de mensen. Ze wisten ook dat ze bondgenoten moesten rekruteren. Ze richtten zich tot een breed scala aan maatschappelijke groeperingen. Vijfhonderd arbeiders in een nabijgelegen mijn stopten een uur lang in solidariteit met hun werk. Monniken kwamen erbij en boden hun steun aan. Leraren gingen op eigen houtje staken.

Er hing verandering in de lucht. De druk nam toe op de overheid, die probeerde te onderhandelen en zwakke compromissen aanbood om de energie te stoppen. Maar de jongeren - en nu ook de andere groepen - weigerden iets meer te accepteren dan hun kerndoelen. Dit bracht meer bondgenoten binnen en maakte ruimte voor meer tactiek. En ze wonnen. De regering kondigde met tegenzin democratische verkiezingen aan waaraan alle politieke partijen konden deelnemen. De strijd was nog niet voorbij, maar de jeugd had een grote overwinning behaald.

SOCIALE BEWEGINGEN ZIJN ALS EEN GOLF

Er zijn veel lessen over hoe sociale bewegingen winnen in dit verhaal. *Je wint door het gebruik van een scala aan tactieken. Je escaleert zodat je meer kracht blijft uitoefenen op je tegenpartij. Je wint door de mensen te negeren die zeggen dat je niet kunt winnen. Je organiseert bondgenoten, je offert op en je blijft actief.*

Een belangrijke les is dat ze een *beweging* in het leven hebben geholpen.

Bewegingen zijn krachten van collectieve energie, die diepe emoties als woede en liefde met zich meedragen en bewogen worden door hoop en dromen voor grootschalige verandering. Je weet dat het een beweging is door het momentum en de groeiende energie.

Bewegingen zijn als een golf. Ze zijn een bundel energie die uit vele delen bestaat. De beweging is niet slechts één groep of organisatie. De MDU werd vergezeld door leraren, arbeiders en monniken. Elke groep had zijn eigen rol, zijn eigen methodes, zijn eigen tactieken. Maar het algemene gevoel maakte het tot een beweging.

Bewegingen zijn soms makkelijker te zien van veraf (daarom vertel ik in dit boek zowel verhalen over klimaatrechtvaardigheidsbewegingen als over andere sociale bewegingen). Als we ons in het midden van een beweging bevinden, kan het er chaotisch en wanordelijk uitzien. Bewegingen zijn niet schoon. Ze zijn rommelig. En als we er binnenin zitten, zijn we ons pijnlijk bewust van hun tekortkomingen.

De meeste mensen merken bewegingen niet op als ze klein zijn. Niemand in Mongolië wist hoe groot dat eerste protest zou worden. Mensen merken bewegingen pas op als de golf groot genoeg is geworden.

Dit feit is belangrijk omdat het het nederige werk dat ieder van ons doet, hoe we ook bijdragen, betekenisvol maakt als we in contact staan met de energie van de beweging.

Het begrijpen van bewegingen helpt ons te begrijpen hoe onze acties deel uitmaken van een groter geheel.

MYTHEN OVER SOCIALE BEWEGINGEN

Als we bewegingen bestuderen, moeten we een probleem onder ogen zien: we zijn voorgelogen over de manier waarop verandering plaatsvindt.

Mythe: Bewegingen worden als een lucifer aangestoken.
Bewegingen komen niet uit het niets. De jongeren in Mongolië hadden elkaar maandenlang in het geheim ontmoet. Daarvoor hadden anderen al dingen geprobeerd, maar die waren mislukt. De jongeren besteedden tijd aan het leren van hen (en van anderen buiten Mongolië). Toch zou een geschiedenisboek dat allemaal kunnen overslaan en het verhaal beginnen met duizenden mensen die de stakers steunen. De mythe dat bewegingen "plotseling verschijnen" negeert de vroege fasen. Het negeert hoe we kleine netwerken moeten opbouwen. Het laat grote acties belangrijker lijken dan de vroege, kleine. En het slaat het opbouwen van vaardigheden en het bestuderen van andere bewegingen over.

Mythe: Bewegingen worden gebouwd door heldhaftige leiders die als boegbeeld worden gezien.
Als we aan beroemde bewegingen denken, denken we misschien alleen aan Martin Luther King Jr., Mohandas Gandhi, of Nelson Mandela. Maar bewegingen zijn meer dan heldhaftige leiders. Sommige bewegingen hebben ze. Sommige niet. Maar alle bewegingen zijn gebouwd door vele organisaties, groepen en losse netwerken die zich organiseren en samen handelen voor verandering. Geen enkele organisatie, geen enkele actie, geen enkel individu spreekt voor een hele beweging.

Mythe: Bewegingen vereisen volledige interne eenheid.
Men doet alsof de bewegingen uit het verleden een duidelijke visie en een duidelijk plan hebben, en het allemaal met elkaar eens zijn. Maar dat was nooit het geval. De jonge Mongoolse activisten discussieerden en waren het niet met elkaar eens. Ze hadden interne verdeeldheid over tactiek en beleid. Succesvolle bewegingen hebben altijd interne meningsverschillen en verdeeldheid. Werken aan eenheid is geweldig - en dat geldt ook voor het accepteren van de realiteit dat we de dingen niet allemaal op dezelfde manier gaan zien.

Mythe: Petities (of elke andere actie) zijn een beweging.
Deze mythe gaat als volgt: Wil je de fossiele industrie stoppen? Maak dan een grote petitie! Of laat iedereen een social media share doen! Of een grote mars! Maar in werkelijkheid is geen enkele tactiek een beweging. Een beweging vereist veel verschillende soorten tactieken. Sommige tactieken kan iedereen gebruiken. Andere vereisen een hoger persoonlijk risico dan de meeste mensen bereid zijn te nemen. Sommige tactieken kunnen misschien alleen sommige mensen gebruiken, zoals een advocaat die een rechtszaak aanspant of de mijnwerkers die in staking gaan. Bewegingen vereisen veel verschillende soorten tactieken - en het vertrouwen op slechts één actie zal niet leiden tot verandering.

Mythe: Bewegingen slagen als ze grote, massale acties organiseren.
Ontelbare keren wordt het refrein gehoord: "We moeten gewoon een grote mars houden." Maar bewegingen winnen niet door eenmalige acties, hoe groot die ook mogen zijn. Dat kan ertoe leiden dat we altijd proberen grote acties te organiseren. Dan verwerpen we kleine acties, zoals die op het platteland, gemeenschappen die zich net bij ons hebben aangesloten, of krachtige maar experimentele tactieken. En we kunnen niet zomaar blijven organiseren voor die ene grote actie. Bewegingen hebben voortdurend verzet nodig - anders kunnen de mensen die aan de macht zijn gewoon wachten tot het evenement voorbij is en doorgaan met het negeren van de verzoeken van de beweging. Bewegingen vragen om aanhoudende druk tot verandering op vele niveaus. Het kost tijd om het op te bouwen, maar zonder voortdurend verzet bereiken bewegingen hun doel niet.

Mythe: Bewegingen werken alleen in democratische landen, of waar ze geen politie repressie hebben.
Geweldloze sociale bewegingen hebben machtige, onderdrukkende regimes omvergeworpen in de Filipijnen, Chili, Bolivia, Madagaskar, Nepal, Tsjecho-Slowakije, Indonesië, Servië, Mali en Oekraïne, om er maar een paar te noemen. Krachtige sociale bewegingen komen vaak voor in repressieve landen. In democratische regimes kan men zich beroepen op de traditionele kanalen om sociale veranderingen te bepleiten (rechtbanken, verkiezingen, enz.). Maar op

plaatsen met harde heersers hebben ze een stapje vooruit gezet: Mensen weten al dat die instellingen ons niet zullen redden. We moeten ons organiseren. Terwijl het organiseren er heel anders uitziet dan in democratische landen, hebben groepen manieren gevonden om bewegingen op te bouwen, zelfs in de meest repressieve landen.

Mythe: Bewegingen hebben media-aandacht nodig om te winnen.
Deze mythe is wijdverbreid. En het is waar dat de media de publieke opinie kunnen beïnvloeden. Maar het is niet gezond voor een beweging om de gezondheid van de beweging te associëren met hoeveel media-aandacht hij krijgt. De Mongoolse jeugd zou erg gefrustreerd zijn geweest als ze op de door de staat gesponsorde media hadden moeten vertrouwen om te winnen. Daarom deden ze hun hongerstaking op een openbaar plein. Als we geloven dat we effectief zijn omdat de media ons onder de aandacht brengen, wat gebeurt er dan als de media zich gaan vervelen en besluiten om ons niet meer onder de aandacht te brengen? Bewegingen zijn gerelateerd aan de mensen - en de media is slechts één manier om met hen te spreken.

Elk van deze mythen doet ons buiten onszelf kijken. We zoeken de heldhaftige leider, de juiste omstandigheden, of wat de kranten over ons zeggen. Dat is geen macht. Bewegingen zijn het meest effectief als we naar binnen kijken en kracht vinden in onszelf en onze relaties. Deze mythes helpen ons om macht op de verkeerde manier te zien. Om het op de juiste manier te zien, moeten we de *omgekeerde driehoek* begrijpen…

DE OMGEKEERDE DRIEHOEK

De dominante opvatting van macht is dat deze van boven naar beneden stroomt. Een leerling doet wat zijn of haar leraar hem of haar opdraagt. De leraar neemt bevelen aan van de directeur. De directeur neemt bevelen aan van hun baas. En zo verder, helemaal naar boven, de piramide op naar het staatshoofd.

Op het gebied van klimaatverandering zien we misschien de bedrijven voor fossiele brandstoffen aan de top. Ze kopen onze staatshoofden en vooraanstaande politici om. Die politici houden toezicht op overheidscommissies die geacht worden bedrijven te reguleren, maar die in plaats daarvan land- en werknemersrechten schenden. Die commissies keuren dan de plannen van de bazen goed, die vervolgens de werknemers opdracht geven om land te ontginnen en olie uit de grond te graven. En zo verder. In die visie op de maatschappij volgt iedereen beneden bevelen op van iemand aan de top.

Maar er is nog een andere manier om groepen te helpen macht te bekijken: de omgekeerde driehoek.

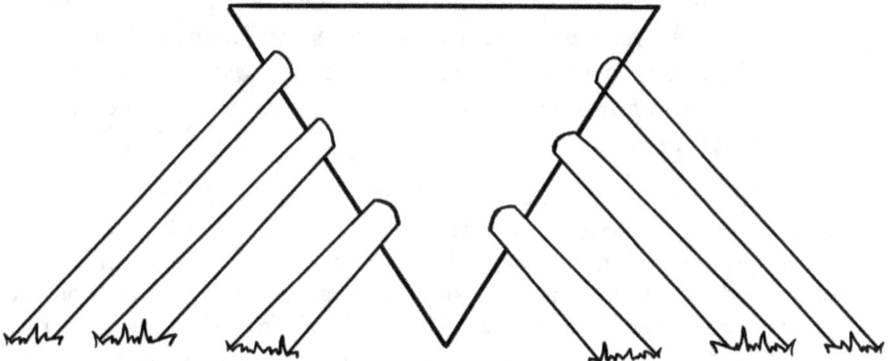

Een omgekeerde driehoek zal altijd instabiel zijn. Een onderdrukkend systeem dat afhankelijk is van het vernietigen van onze planeet is instabiel. Het is niet natuurlijk om zoveel koolstofdioxide (CO_2) en andere broeikasgassen te verbranden. Het systeem moet worden ondersteund door steunpilaren. De pijlers zorgen ervoor dat de constructie legitiem en juist lijkt. De pijlers kunnen de wetten, de rechtbanken, de media en de scholen zijn die ons trainen om te gehoorzamen. Andere pijlers zijn de mensen die zich tegen het systeem verzetten maar het toch draaiende houden - waaronder bestuurders, regelgevende instanties, academici en leraren - die weigeren zich uit te spreken tegen wat er mis is.

Deze zienswijze toont aan hoeveel macht we eigenlijk hebben. De uiterst repressieve Mongoolse regering wordt gedwongen aan de onderhandelingstafel te gaan zitten als haar jongste burgers weigeren te eten. Als wij niet meewerken, draait het systeem niet door.

Groepen kunnen dit instrument gebruiken om naar hun werk te kijken en een complexer en nauwkeuriger inzicht in de macht te ontwikkelen. Door de steunpilaren te zien die een slecht beleid in stand houden, kunnen we ons beeld van hoe we veranderingen kunnen doorvoeren vergroten.

Een groep jongeren in Servië heeft geweldloos gevochten tegen hun machtige, meedogenloze dictator in Servië. Zij vroegen ieder persoon die zich bij hun beweging aansloot om de omgekeerde driehoek te leren. Ze leidden trainingen om het concept uit te leggen en hun plan om de pijlers die ze zagen te verwijderen. Ze legden het op deze manier uit:

De machthebbers kunnen in hun eentje geen belastingen innen, geen repressieve wet- en regelgeving afdwingen, geen treinen op tijd laten rijden, geen nationale begrotingen opstellen, geen havens beheren, geen geld drukken, geen wegen repareren, geen voedsel aan de markten leveren, geen staal maken, geen raketten bouwen, geen politie en leger trainen, geen postzegels uitgeven of zelfs geen koe melken. Mensen leveren deze diensten aan de machthebber via verschillende organisaties en instellingen. Als de mensen stoppen met het leveren van deze vaardigheden, kan de machthebber niet meer regeren.

Deze aanpak was een essentieel ingrediënt van hun beweging. En ze waren succesvol in het omverwerpen van de brute Servische dictator. Dit is een van de belangrijkste inzichten van geweldloze directe actie. Er zit een enorme hoeveelheid macht in ons. We kunnen verandering realiseren door de steunpilaren te verwijderen. Als we onze deelname wegnemen, worden onrechtvaardige systemen instabieler. En kunnen we ze laten vallen.

DE STEUNPILAREN ANALYSEREN

Laten we eens kijken naar de omgekeerde driehoek van het vrijkomen van koolstofdioxide (CO_2) en andere broeikasgassen. We kunnen veel steunpilaren bekijken.

Een paar daarvan zouden kunnen zijn:

De landbouwsector. De landbouw draagt bij aan ongeveer 15% van de wereldwijde uitstoot van broeikasgassen. De agro-industrie vecht onophoudelijk voor lagere milieu- en arbeidsnormen. Verlies van bossen wordt vaak veroorzaakt door de druk van de landbouw en draagt nog eens 10% bij aan de uitstoot van broeikasgassen.

Auto's en de transportsector. Transport produceert ongeveer 14% van alle broeikasgassen in de wereld. Dit kan ook een strategisch punt zijn. Hoewel mensen geen CO2 (of andere broeikasgassen) zien, zien, ruiken en proeven ze wel vervuiling door auto's en bussen.

De fossiele brandstofindustrie. Het verbranden van fossiele brandstoffen is de grootste oorzaak van klimaatverandering: Het veroorzaakt de meerderheid van alle wereldwijde uitstoot.

Overheden die profiteren van het in stand houden ervan. Ze verminderen of schrappen milieuwetten of staan bedrijven toe deze te overtreden. Ze hebben de macht om grote systemen te veranderen, maar blijven deze macht opgeven.

De lijst kan snel lang worden.

Het aantal tegenstanders kan ons overweldigend maken, zelfs hopeloos. En er is hier ook een strategisch inzicht.

In plaats van je te richten op *alle* steunpilaren tegelijk, kun je een campagne voeren - waarbij je energie besteedt aan het verplaatsen van *een* van de steunpilaren. Campagnes hebben het voordeel van focus. In Servië voerden de studenten van Otpor campagnes waarbij ze de belangrijkste steunpilaren verplaatsten waarvan ze dachten dat ze die konden verplaatsen, zoals andere jongeren, oppositiepolitici en de politie (!).

Focus is een geschenk van strategie. Het helpt ons om ons deel bij te dragen, wetende dat anderen andere delen doen.

Zo heeft 350.org zich vooral gericht op de pijler van de fossiele brandstofindustrie. We deden dat omdat de industrie al meer dan 2795 gigaton koolstofdioxide in haar voorraden heeft! Dat is vijf keer meer dan de meest conservatieve wetenschappers denken dat we in de atmosfeer kunnen brengen (565 gigaton) en *iets* in stand kunnen houden zoals het klimaat dat we gewend zijn.

Als ze verbranden wat ze al hebben, is er geen hoop meer op klimaatherstel. En hun voorraadrapporten blijven aantonen dat dat hun plan is. En erger nog, ze geven miljarden uit op zoek naar *meer* olie en gas. Met andere woorden, ze zijn een bedreiging voor al het leven. En dus richtten we ons op de fossiele-brandstofindustrie. We deden onze eigen analyse van hun steunpilaren. Wat houdt die industrie overeind?

We hebben een aantal pijlers geïdentificeerd waarvan we dachten dat we er invloed op konden uitoefenen: sociale toestemming, toegang, politieke vergunningen en financiering. Ons werk werd grotendeels georganiseerd rond *desinvestering* - een tactiek om scholen, gebedshuizen en zelfs grote banken, steden en landen zover te krijgen dat ze hun investeringen uit fossiele brandstoffen halen. Niemand zou mogen profiteren van hun exploitatie. Dit gaat dus over financiën.

Maar de desinvesteringscampagne gaat ook over sociale licentie - het wegnemen van de acceptatie door de bevolking door het veranderen van de manier waarop tegen de fossiele brandstofindustrie wordt aangekeken. In plaats van ze te zien als een noodzakelijke winstgevende onderneming, begint het publiek ze te zien als wereldwijde destructieve monsters.

We werken ook aan het in de grond houden van fossiele brandstoffen, waarbij we samenwerken met gemeenschappen in de frontlinie wereldwijd die hun land beschermen. En dan blijven we hameren op de sociale licentie van de fossiele brandstofindustrie. Het zijn geen redelijke bedrijven. Het zijn entiteiten die bereid zijn alles te doden voor winst. Ze moeten worden gezien als slavenhandelaren en piraten - behalve dat geen van hen ooit al het leven op de planeet heeft bedreigd.

En wat goed is aan het kiezen van een focus is dat je het met het winnen van een pilaar andere pilaren makkelijker kunt maken. De fossiele brandstoffenbedrijven *kopen* regeringen *om* - en dus hebben we in veel landen campagne gevoerd om politici te weerhouden van het accepteren van fondsen van hen. Als we de fossiele brandstofindustrie verzwakken, verzwakken we hun vermogen om land te kopen en water te vervuilen dat door generaties van inheemse mensen met zorg is behandeld. Het winnen van een pijler kan helpen om andere pijlers makkelijker te maken.

Als je je op een pijler *concentreert*, kun je nog steeds over het hele systeem praten. Maar de focus betekent dat je in plaats van alleen maar te vragen "alle pijlers te verwijderen" - je een pijler kiest om echt te verwijderen en af te brokkelen. De Mongoolse activisten zouden niet gewonnen hebben als ze zich op iedereen tegelijk hadden gericht. Servische activisten probeerden niet *alle* sectoren van de samenleving in één keer te verplaatsen - dat zou ze hebben uitgedund, en dat is waarom het zo geweldig is om te weten dat bewegingen een ecosysteem zijn. *Wij* mogen onze nederige rol spelen in dat alles. Een verhaal van jonge mensen in Canada maakt dit nog duidelijker.

MACHT DIE VAN ONDERAF STROOMT IN CANADA

Een bedrijf genaamd TransCanada probeerde de Energy East pijpleiding te bouwen. Het voorstel was om meer dan 1,1 miljoen vaten *per dag* uit het teerzand te pompen, een van de smerigste oliebronnen. Als hij zou worden gebouwd, zou hij 4000 kilometer lang zijn, verdeeld over zes provincies in Canada.

Tegen 2014 versnelde de regering het goedkeuringsproces. De laatste grote hindernis was de National Energy Board (NEB), een overheidsorgaan dat de pijpleidingen *zou* moeten reguleren. Maar meestal geeft de NEB groen licht voor elk slecht project.

Als de mensen de machtsanalyse van de NEB als de machthebbers hadden geaccepteerd - dan was het voorbij.

Maar er was een andere manier om over de campagne na te denken: Het is de beslissing van het volk, en wij zijn degenen die beslissen of het doorgaat of niet.

Een groep jongeren zette een strategie uit en lanceerde een campagne die de *People's Intervention* werd genoemd.

De eis was eenvoudig: De NEB moet rekening houden met de gevolgen van de pijplijn voor het *klimaat.*

De strategie was ook gemakkelijk te begrijpen: *Als* de Nationale Energiekamer geen rekening zou houden met de gevolgen voor het klimaat, zouden *zij* (de burgers) gedwongen worden om te escaleren met het volksverzet en *voorkomen* dat de hoorzittingen zouden worden voortgezet.

De eenvoudige vraag en de begrijpelijke strategie maakten het voor de mensen gemakkelijk om zich aan te sluiten. Al snel schreven duizenden mensen naar de NEB met het verzoek om in haar beslissing rekening te houden met de gevolgen voor het klimaat.

Het is anders dan iemand gewoon vragen om het juiste te doen. En anders dan wachten tot ze het verkeerde doen. Het is het in handen nemen van de tijdlijn - en aan iedereen uitleggen wat de gevolgen zijn als het slechte beleid wordt uitgevoerd.

Het was ook goed te organiseren, want mensen die cynisch waren over de overheid konden het bevel ondertekenen. Maar mensen die de overheid vertrouwden en dachten dat ze het goede zou doen, konden zich ook aansluiten. En (dit is belangrijk) ze meldden zich aan voor een riskantere actie als de NEB niet het juiste zou doen.

En die actie moest worden uitgevoerd - omdat de NEB het verkeerde deed.

De NEB weigerde de inbreng van mensen te accepteren. Ze verwierp meer dan 2000 opmerkingen van mensen die spraken over de gevolgen voor het klimaat.

Veel nieuwe mensen waren boos. Woede is goed. En het heeft een kanaal nodig.

Dus op de volgende NEB-hoorzitting in Quebec namen activisten de controle over de bijeenkomst over om te pleiten voor klimaatrechtvaardigheid. In plaats van de NEB te laten vertellen wanneer ze konden spreken, stonden de demonstranten op en schreeuwden om hun stem te laten horen. Ze waren boos en één persoon gooide zich zelfs op de tafel om het proces te stoppen.

Het was immers *hun* regering, en dus *hun* bijeenkomst. De NEB flipte. Ze sloot de vergadering af. Ze weigerde meer hoorzittingen te houden.

Dit leidde tot nog meer verontwaardiging - en andere steunpilaren brokkelden af. Journalisten kwamen met bewijzen van corruptie. Inheemse leiders die zich als eerste verzetten tegen de pijpleiding organiseerden een massale pan-continentale verdragsalliantie tegen de uitbreiding van teerzanden op hun traditionele grondgebied. De dood van de pijpleiding kwam eraan. Kort daarna bezweek de NEB onder de druk. Ze kondigde aan dat ze rekening zou houden met de gevolgen voor het klimaat bij de Energie-East.

Er was geen enkele manier om een enorme pijpleiding goed voor het klimaat te noemen. En TransCanada wist dit. Dus drie maanden later zei TransCanada dat het van gedachten was veranderd door "veranderde omstandigheden". (Nee, ze gaven niet toe dat ze van gedachten waren veranderd door protesten. Dat doen ze zelden.)

De campagnevoerders wonnen - door steunpilaren te verwijderen en te zien hoe hun acties de macht van de (schijnbaar) machtigste krachten in Canada teniet konden doen.

Wat ze deden, was in essentie een campagne voeren gericht op een specifieke steunpilaar (de NEB). En dat helpt ons om de kracht van campagnes te leren kennen.

VOLGENDE STAPPEN

Krijg hand-outs voor het aanleren van de Steunpilaren of Omgekeerde Driehoek op trainings.350.org.

Leer meer over deze concepten op de online skill-up cursus "Hoe Bewegingen Winnen" op trainings.350.org/online-skillups

Hoofdstuk 2: Campagnes

IK WAS ACHT TOEN ik mijn eerste campagne voor het milieu won.

Het was in de kerk waar ik ben opgegroeid. Na de dienst hadden we nog wat sociale tijd. Mensen dronken sap of koffie of thee en aten gebak. Ze dronken uit piepschuimen bekers. Daarna gooiden ze die weg.

Het was verspilling. Ik heb een paar weken lang mijn eigen herbruikbare glazen beker meegenomen. Ik wilde het milieu redden.

Maar dat was een *persoonlijke* verandering. Elke zondag gooiden we misschien wel honderd piepschuim bekers weg. Ik wilde een grotere verandering teweegbrengen.

Een *structurele* verandering.

Dus vergaarde ik informatie. Ik vond enkele bondgenoten in de kerk. Een oudere liet me zien dat we al glazen bekers hadden. Iemand vertelde me dat het de leiders van de kerk (kerkvoogden) waren die dit soort beslissingen namen. Deze mensen overtuigden me om een presentatie voor te bereiden en te spreken voor de kerkvoogden. Ik onderzocht hoe piepschuim er eeuwenlang over doet om te ontbinden en hoeveel er per jaar worden weggegooid.

Op een middag stond ik voor de kerkvoogden. Mijn knieën schudden. Ik beefde en liet een aantal van mijn notities vallen. Ik stotterde terwijl ik sprak. Ik herinner me dat ik ongeveer halverwege was toen een van de kerkvoogden gebaarde dat ik moest stoppen. Ik herinner me nog steeds dat mijn maag zich dichtkneep.

"Je hebt ons overtuigd," zei hij abrupt. Hij wendde zich tot de andere kerkvoogden. "Kunnen we nu al stemmen?"

Ze stemden voor mijn voorstel en gingen over naar andere agendapunten. In het begin was ik eigenlijk *teleurgesteld*. Ik wilde mijn presentatie afmaken waar ik zo hard aan gewerkt had. Maar dat was gewoon mijn angst die sprak. Toen de schok eenmaal voorbij was, realiseerde ik me: Het was een overwinning! De kerk stopte met het gebruik van piepschuimen bekers en schakelde over op glas!

Wat ik had gedaan was een basis campagne. De stappen waren er allemaal:

ONDERZOEK - Ik leerde over de kwestie en welke veranderingen er moesten worden doorgevoerd. Het was belangrijk om wat feiten achter me te krijgen.

Maar blijf niet steken in het proberen om alles te leren - wees klaar om te handelen!

VIND ANDERE MENSEN - Ik had het niet alleen kunnen doen. Ik wist gewoon niet genoeg. Dus ik had anderen nodig die met me meewerkten. Omdat het een kleine campagne was, was het een kleine groep - slechts vier mensen.

ZET DOELEN - Als ik gewoon had gezegd: "Red de planeet", dan hadden de kerkvoogden niet geweten wat ze moesten doen. De kerkvoogden hadden mij nodig om hen te laten zien wat ze moeten doen. Ze hadden me nodig om hen precies te vertellen welke verandering ze zouden moeten maken. Doelen zijn serieus belangrijk.

ZET DRUK OP EEN GROTERE INSTITUTIE - Ik had het geluk dat niemand zich tegen mijn woorden verzette. Deze campagne was buitengewoon gemakkelijk - mede omdat mijn doel zo klein was. Maar toch is het maken van een structurele impact zo veel groter dan alleen een persoonlijke impact. Die kerk gebruikt nog steeds glazen bekers. Door die kleine daad zijn meer dan 150.000 piepschuim bekers bespaard. Structurele verandering is bijna altijd veel effectiever dan persoonlijke verandering - zoals wanneer ik simpelweg mezelf en een paar vrienden had overgehaald om over te stappen!

IDENTIFICEER HET DOELWIT - Ik zei niet alleen dat "de kerk" zou moeten veranderen. Onze kleine groep kwam erachter wie de besluitvormers waren - de kerkvoogden. Zelfs toen we anderen vertelden hoe belangrijk de campagne was, wisten we dat het de kerkvoogden waren die de beslissing moesten nemen. In organisatie-taal noemen we dat een "doelwit" - de persoon of personen die je kunnen geven wat je wilt. Als je je doelwit kent, kun je een campagne ontwerpen om hen te overtuigen, onder druk te zetten of te dwingen het juiste te doen.

KOM IN ACTIE! - Ik heb iets gedaan waar ik bang voor was! Dat is ook vrij gebruikelijk in alle campagnes. Er is geen sociale verandering zonder enig risico.

CAMPAGNES ZIJN LIEFDESUITINGEN

Veel mensen willen verandering teweegbrengen, maar weten niet hoe. Ze besteden daarom veel energie aan een reeks van eindeloze educatieve evenementen of losse acties die niets opleveren.

Ik had workshops kunnen geven over hoe we het milieu beschadigen. We hadden elke middag films kunnen kijken. Of misschien zelfs een wake kunnen doen over "het redden van het milieu". Maar die dingen op zichzelf zorgen niet voor verandering.

We hebben scholing nodig. *Maar scholing zonder actie is als het planten van een zaadje zonder water te geven. We moeten actie ondernemen om verandering te realiseren.* Campagnes maken gebruik van veel acties. Ze kanaliseren de macht door zich te richten op een concreet doel.

Campagnes beginnen dus met een probleem in de samenleving. Maar daar houden ze niet op. In campagnes identificeer je een stukje van wat we willen in de wereld en werk je eraan om het dat te bereiken. Het hebben van een dergelijk doel versterkt educatieve evenementen, ondersteunende diensten en protesten.

Mijn campagnedoel was toevallig vrij klein. En er zijn zeer grote, zogenaamde machtige organisaties die geloven in enkel het voeren van campagnes met kleine doelen. Soms praten ze dit goed door te zeggen dat ze "realistisch" zijn.

Maar het accepteren van de huidige politieke realiteit van onze tijd is een doodvonnis. Campagnedoelen hoeven niet klein te zijn en ze hoeven zeker niet te worden geaccepteerd als politiek realistisch.

Dit is een andere bewegingsmythe die is aangeleerd. Campagnes zijn niet gebaseerd op "realisme" maar op de emoties van de mensen die ze voeren en hun vermogen om zich te verbinden met anderen en ze te overtuigen.

Dat gold voor de Servische activisten. Toen ze begonnen, zaten veel van hen op de middelbare school. Ze werden bespot door de pers omdat ze beweerden dat ze Slobodan Milosevic, de leider van het land, ten val konden brengen.

Het was waar voor zwarte studenten in Soweto, Zuid-Afrika in de jaren zeventig van de vorige eeuw. Vooraanstaande regeringsfunctionarissen zeiden dat "de inheemsen (zwarten) van jongs af aan moeten leren dat gelijkheid met Europeanen (witten) niet voor hen is weggelegd. Dat werd beleid onder de Bantu Education Act. Ze werden geconfronteerd met brute, wrede en machtige witte onderdrukkers. En toch gingen ze staken. Zij maakten de eerste steken in de steunpilaren, totdat enkele decennia later de apartheid viel.

Deze dynamiek is vandaag de dag net zo reëel voor de miljoenen schoolstakers over de hele wereld. Velen pleiten voor een Green New Deal of radicale veranderingen, terwijl de politieke realisten er zeker van zijn dat het niet zal gebeuren.

Campagnes veranderen deze dynamiek op drie manieren. Ten eerste, in plaats van in grote lijnen te zeggen dat er "radicale veranderingen nodig zijn", leggen de campagnes doelen vast om de stappen te zetten die nodig zijn om vooruitgang te boeken. De samenleving heeft een blauwdruk nodig, ook al wordt die misschien niet precies zo uitgevoerd als de activisten zeggen.

Ten tweede gebruiken campagnes aanhoudende acties om de druk op de ketel te houden. Ze bewegen segmenten van de samenleving door het gebruik van veel verschillende soorten acties. Niet een enkele actie zal mensen overtuigen, dus proberen ze een verscheidenheid aan acties uit om meer mensen aan hun kant te krijgen.

Ten derde, campagnes geven mensen een uitlaatklep voor hun gevoelens. Overal ter wereld bestaat grote bezorgdheid over klimaatverandering. De meeste mensen gaan niet alleen de straat op om hun gevoelens te uiten. Succesvolle campagnes maken gebruik van die gevoelens. Het doel geeft mensen het gevoel dat hun acties zinvol zijn.

Dat betekent dat we in contact blijven met onze meest radicale, oprechte gevoelens. Zoals een Otpor-campagnevoerder beschreef: "We hebben gewonnen omdat we meer van het leven houden."

Campagnes zijn dus meer dan alleen maar slogans of educatieve evenementen. Ze gebruiken de kracht van een doel om iemand onder druk te zetten om te veranderen.

EINDELOZE ACTIES VERVANGEN DOOR DOELEN

Ik maakte deel uit van een groep die probeerde de Amerikaanse oorlog in Irak te stoppen. We slaagden erin een mars van 2000 mensen in mijn stad te organiseren. Dat is een grote opkomst. En we kregen goede persaandacht.

Dus we deden het weer.

Deze keer kregen we 10.000 mensen op straat. Ik was een van de presentatoren voor de manifestatie en kon niet tot het einde van de mars kijken. Op dat moment was het de grootste mars die ik ooit had georganiseerd. Het gevoel was geweldig.

Dus wat deden we nu?

We veranderden onze tactiek niet. We deden het *weer*. Deze keer kregen we maar 1500 mensen op de been. En minder media aandacht.

Hoe voelden we ons toen? Vrij slecht.

En wat deden we daarna? *Nog* een mars. Slechts een paar honderd kwamen deze keer - en vrijwel geen pers.

Het probleem was dat we niet echt een plan hadden. We hadden gewoon een tactiek. Dus we bleven de tactiek gebruiken omdat we die kenden. We deden *eindeloze acties.*

Stel je voor dat je een politicus bent, en je bent het doelwit van een campagne. Er staan mensen buiten je kantoor die je aansporen om iets te doen. Je moest de achterdeur binnen sluipen zodat je ze niet onder ogen hoefde te komen. Je voelt de druk.

Maar zullen ze de volgende dag in de buurt zijn? Zullen ze de druk op de ketel houden?

Als je kunt wachten tot de druk voorbij is, dan zul je de verandering waarschijnlijk niet maken.

Regeringsambtenaren (en de meeste doelwitten) wachten regelmatig gewoon tot de mensen hun grote actie doen. Als de activisten geluk hebben, krijgt de ambtenaar een paar dagen lang wat slechte pers. Maar de druk blijft niet bestaan. Ze wachten tot de hitte overwaait. Dan blijven ze het slechte doen.

Campagnes variëren van actie tot actie. Ze rekruteren nieuwe mensen om ze te ondersteunen. Ze maken soms gebruik van massale acties - waarbij veel mensen betrokken zijn. En andere keren kiezen ze voor zeer risicovolle acties waaraan slechts een kleiner aantal mensen zal deelnemen. Elke stap leidt naar hun doel en het winnen van hun doel. Ze houden de druk op de ketel.

Campagnes beoordelen: Groeit onze *capaciteit*? Dat betekent niet alleen meer mensen, maar ook sterkere mensen - mensen met meer vaardigheden, sterkere relaties, meer bereidheid om riskantere dingen te doen - en meer mensen.

Met een probleem als klimaatverandering - waar te beginnen? Er zijn zoveel oplossingen nodig - het is er niet maar één. Door machtige spelers te dwingen het juiste te doen, winnen we nieuwe bondgenoten en krijgen we macht voor onze beweging voor steeds grotere overwinningen. We moeten capaciteit opbouwen om zo snel mogelijk veranderingen door te voeren.

Voorbeelden van andere campagnes:

- Campagnevoerders uit Nieuw-Zeeland hebben hun premier (het doelwit) onder druk gezet om alle nieuwe offshoreboringen te stoppen (het doel).

- 350 Georgië heeft campagnes gevoerd op stadsniveau. Hun eerste overwinning kwam toen de burgemeester van Kutaisi (het doelwit) beloofde om hun stad voor 2050 100% hernieuwbaar te maken (het doel).

- In Kenia heeft een groep studenten ongeveer een 1050 megawatt steenkoolproject aan de kust ontdekt en zich georganiseerd om het te stoppen (het doel) door druk uit te oefenen op de president, de kabinetssecretaris en het ministerie van Onderwijs (de doelwitten).

- Mothers Out Front in de VS wilden een "leefbare planeet" voor hun kinderen, maar vroegen zich af hoe ze hier een campagne van konden maken. Ze besloten de schooldistricten onder druk te zetten (het doelwit) om over te schakelen op elektrische schoolbussen (het doel).

Campagnes maken gebruik van tactieken. Ze kunnen een mix zijn van kleine en grote evenementen, herhaalde of eenmalige acties. In tegenstelling tot eindeloze acties hebben campagnes een doelstelling en een doelwit.

Het mooie van een campagne is dat het klein kan beginnen - maar deel kan uitmaken van een groter geheel. Mothers Out Front is een vrij kleine groep. Ze kregen voor elkaar dat een paar bussen op elektriciteit zijn overgegaan. Maar de manier waarop ze campagne voeren gaat expliciet over klimaatverandering, over de slechte effecten van dieselbrandstof. En ze pleiten voor zowel *weg* van diesel als in de *richting* van hernieuwbare energie.

En kleine overwinningen creëren momentum om mensen bezig te houden, zodat je door kunt gaan naar grotere overwinningen.

In die zin zijn campagnes meer dan het doel en het doelwit. *Ze zijn het verlangen van mensen naar iets beters.*

Mensen raken gewend aan onderdrukking en lage verwachtingen. Campagnes schudden ons door elkaar. Als mensen ergens voor vechten, beginnen ze te geloven dat ze het echt verdienen.

Als we campagne voeren, beginnen we groter te dromen. We beginnen te zien dat we macht kunnen hebben in onze wereld. We beginnen beter gedrag te verwachten van de mensen om ons heen.

Zelfs als we een campagne verliezen, blijft deze energie bestaan. Dat is een deel van de reden waarom het zo'n krachtige manier is om onze organisatie te structureren. Het is makkelijk om te zeggen, "Red het klimaat." Het is moeilijker om naar het kantoor van het Ministerie van Onderwijs te gaan en te zeggen: "Je moet de Lamu-kolencentrale stoppen, want die zal mijn kinderen doden." De focus van de campagnes is de oefening voor ons, onze vrienden en onze collega's om te wennen aan het vragen om meer verandering, snellere verandering - en om het een regelmatige routine te maken.

Terwijl eindeloze acties ons een goed gevoel kunnen geven, helpen campagnes ons om ons goed te voelen *en* een grotere impact te hebben.

HOE MAAK JE EEN CAMPAGNE

Sommigen van ons vinden campagnes omdat ze deel uitmaken van een nationale beweging. Maar als er geen nationale campagne is om bij aan te sluiten, is het aan lokale groepen om te experimenteren en dingen uit te proberen. Hoe moet je daarmee beginnen?

Laten we een campagne uit Jordanië nemen. Het begon met twee jonge mensen: Omar en Hiba. Hoewel ze een paar ideeën hadden, waren ze er niet zeker van hoe twee mensen een probleem zo groot als de klimaatverandering konden beïnvloeden.

Ze wilden een klimaatcampagne creëren die relevant zou zijn voor andere mensen. Dus dachten ze na over wat belangrijk was voor de mensen waar ze woonden. Ze besloten zich te richten op een sector van de economie die een van de grootste oorzaken is van de uitstoot van broeikasgassen: het transport.

In Jordanië ontbreekt het aan veel infrastructuur voor het openbaar vervoer. Dat betekent dat veel Jordaniërs hun eigen privé-auto's kopen. Als gevolg daarvan zijn de steden verstopt en barsten ze uit hun voegen. Dat verspilt tijd, geld en energie. En het veroorzaakt enorme milieu- en gezondheidsproblemen, met alle smerige lucht van dien.

Dit gaat over klimaatverandering. Maar ze zouden ook anderen kunnen betrekken vanwege de sociale, gezondheids- en economische dimensies. Ze kozen voor een campagne met breed gedeelde waarden om nieuwe mensen aan te trekken.

Ze hadden een idee van een campagnedoel (betere infrastructuur voor heel Jordanië), maar het was niet gedetailleerd.

Dus begonnen ze onderzoek te doen. Ze lazen alles wat ze konden vinden over het openbaar vervoer. En ze begonnen te praten met vrienden en iedereen die ze ontmoetten over het openbaar vervoer. Langzaamaan bouwden ze een campagnegroep op, *We Get Together: We hebben allemaal recht op openbaar vervoer* (معاًمعالصن - لقنلاماعلاانقحجميعاً). Ze waren niet langer slechts één of twee mensen. Hun wekelijkse bijeenkomsten hadden ongeveer een dozijn mensen die samenkwamen onder het genot van thee en koffie.

Ze brachten tijd door buiten de bushaltes en andere openbare ruimtes om te luisteren naar de ervaringen van mensen. Ze betrokken gefrustreerde buschauffeurs in de campagne. En iets wat ze steeds weer hoorden was de behoefte aan een kaart om te zien hoe de buslijnen elkaar kruisen en een schema om een realistisch gevoel te hebben van wanneer de bussen zouden kunnen aankomen.

Dit hielp hen om hun doelen aan te scherpen. Ze besloten hun campagne in eerste instantie te richten op Amman, de hoofdstad. En een van hun doelen was het maken van een kaart, een app en een regelmatig schema voor busroutes. In hun geval kwamen ze erachter welke overheidsinstellingen deze *hadden* moeten maken. Dat waren hun doelwitten.

Het was niet duidelijk of ze konden winnen. Maar in elke campagne komt er een moment dat je niet alle informatie hebt, maar je het risico neemt en de mensen je plan moedig vertelt, zelfs als niet alles is uitgedacht.

Het kiezen van een campagnedoel is ook een lastige tijd. Het kan makkelijker lijken om "iedereen in de groep gelukkig te houden" door te proberen aan alles te werken en over alles te praten. Mijn ervaring is dat groepen die dit doen op korte termijn mensen bij elkaar kunnen houden. Maar na verloop van tijd raken mensen gefrustreerd dat ze niet zien dat er iets bereikt wordt. Ze vertrekken. En al snel wordt het een kleine, irrelevante groep.

Ze lanceerden de campagne op een leuke manier. Ze hielden een openbare persconferentie, slim georganiseerd met mensen op de fiets naar het gemeentehuis van de stad, als symbool voor de doelstellingen.

Er waren nog veel meer tactieken nodig om ze te laten winnen (ze hielden openbare evenementen en outreach-activiteiten, mede-lanceerden een onderzoeksinstituut, creëerden hun *eigen* kaarten...). Maar recentelijk wonnen ze enkele overwinningen: De stad voegt geld toe aan het openbaar vervoer, maakt buskaarten en apps om busroutes te tonen, en verbetert de coördinatie in het openbaar vervoer. De groep is nog altijd bezig, en vecht voor nog meer.

Hun stappen om een campagne op te bouwen passen het meest bij waar ik deel van heb uitgemaakt:

1. Verzamel een paar mensen om te vergaderen
2. Beslis over een probleem dat je wilt proberen op te lossen (en werf meer mensen)
3. Onderzoek het probleem
4. Creëer een campagnedoel, en zoek uit wie het doelwit is en hoe je deze wilt bewegen (en werf meer mensen)
5. Start de campagne (bij voorkeur op een leuke manier)

MAAK GEBRUIK VAN HET SPECTRUM VAN BONDGENOTEN

Niemand van ons heeft ontdekt hoe de verwoestende gevolgen van de klimaatverandering kunnen worden voorkomen en gestopt. Maar we kunnen leren van campagnes die enkele belangrijke overwinningen hebben behaald.

In Brazilië hadden ze te maken met een corrupte regering. De regering was hard aan het werk om het Amazone regenwoud te openen voor olieboringen, met behulp van een techniek die "fracking" wordt genoemd.

Laten we even pauzeren. De Amazone is de longen van onze Aarde. Meer dan 20% van de zuurstof van de wereld wordt geproduceerd in het Amazone regenwoud. Dus het fracken van de Amazone is een heel, *heel* slecht idee.

Maar het levert geld op voor bedrijven. En het levert geld op voor overheidsfunctionarissen die bij hen in bed liggen. En ze kunnen ook veel van het publiek afkopen met dat geld.

In 2015 heeft de nationale regering dus plannen gemaakt voor de veiling van de rechten om delen van het Amazonegebied te fracken.

Activisten die zich verzetten, hadden slechts kleine groepen mensen die bereid waren iets te doen - meestal inheemse leiders. Ze hadden een campagnestrategie nodig.

De organisatoren vormden een coalitie van partijen, Não Fracking Brasil. Zij zouden zich in het hele land organiseren. Ze wisten dat onderwijs de sleutel was. Maar onderwijs zonder actie bouwt niet de kracht van een beweging op.

Dus samen met elke educatieve actie was hun campagnedoel: lokale autoriteiten (steden, gemeenten, staten) zover krijgen dat ze een verbod afkondigen om te stoppen met fracking.

Hun *doelwit*: de lokale gemeenteraden, die de resoluties kunnen aannemen. De activisten hadden niet genoeg macht om op nationaal niveau te winnen. Maar ze konden wel winnen op lokaal niveau. En ze geloofden dat mensen die horen over de overwinningen van andere mensen, een momentum creëren.

Hun *doel*: het fracken stoppen door het illegaal, te duur en te lastig te maken in Brazilië. De verboden waren creatief en juridisch afdwingbaar. Ze maakten regels als: "Geen vrachtwagens met fracked olie, fracked water, fracked afval, of enig fracked materiaal mogen op de wegen van onze stad komen". De verboden verhoogden de kosten voor frackingbedrijven - en snel.

Deze campagne-aanpak heeft de capaciteit vergroot. Het heeft het probleem voor de mensen gepersonaliseerd. Het deed de buurtbewoners zich afvragen: "Wil je fracking in je buurt?" Ze verzamelden tientallen lokale overwinningen. Nadat een stad gewonnen had, organiseerden activisten zich daar om naar het staatsniveau te gaan.

Maar sommige steden waren erg moeilijk.

De stad Umuarama was daar één van. De nabijgelegen steden hadden de verboden al aangenomen. Maar een lokaal congreslid was erg pro-fracking. Twee raadsleden schreven een fracking verbod. Maar het wetsvoorstel is nooit verder gekomen.

Maanden gingen voorbij, en ze konden geen centimeter winnen. Toen werd het nog erger. Een van de ondersteunende raadsleden werd ontmaskerd als onderdeel van een (losstaand) corruptieschandaal.

Campagnevoerders voelden zich klemgezet. Ze bleven maar vergaderen met de leden van de oppositieraad. Er veranderde niets. En ze bleven hun aanhangers verzamelen. Er veranderde niets.

Hoe winnen we in dit lokale verbodsgevecht?

Ze hadden een doorbraak. Het is een les die het spectrum van bondgenoten laat zien.

Het spectrum van bondgenoten begint met een eenvoudig idee. Er zijn mensen die actief bij je zijn. Zij zijn jouw mensen (je basis, je team, je groep, je actieve bondgenoten).

Dan zijn er nog de mensen die zich actief tegen je verzetten. Voor Não Fracking Brasil waren het de meest onwillige raadsleden, de fracking-industrie en de nationale overheid.

Campagnes maken een fout als ze zich alleen richten op hun actieve bondgenoten en actieve oppositie.

Omdat de *meeste* mensen niet in een van die categorieën zitten! De rest van de mensen kan in grote lijnen worden beschouwd als "het publiek". Dit instrument gaat over het afbreken van het idee van "het publiek" en echt zien waar onze steun vandaan komt.

Aan de linkerkant hebben we onze actieve bondgenoten. Actieve tegenstanders zitten aan de rechterkant.

Tussendoor kunnen er *passieve bondgenoten* of *passieve tegenstanders* zijn - mensen die het misschien met je eens of oneens zijn, maar er niets aan doen. Of ze kunnen *neutraal* zijn - werkelijk besluiteloos, volledig onwetend, of werkelijk apathisch.

Dit hulpmiddel brengt goed nieuws. Campagnes slagen niet door iedereen het met ons eens te laten zijn!

De meeste succesvolle campagnes krijgen nooit hun actieve oppositie zover dat ze van gedachten veranderen. Dus laat ze maar gaan. In plaats daarvan wordt de steun voor hun positie weggenomen door de passieven en neutralen een stap in onze richting te verplaatsen (bijvoorbeeld door neutralen te verplaatsen zodat ze passieve bondgenoten worden).

Wat een opluchting! We hoeven het niet allemaal te doen.

De campagnevoerders moesten kijken buiten wie er actief was op dit gebied. Het werd duidelijk wat er moest gebeuren.

De campagnevoerders zagen dat veel religieuze leiders aan de zijlijn hadden gestaan. Ze hadden niets gedaan. Dus moedigde Não Fracking Brasil die neutralen aan door presentaties te geven en hen uit te nodigen voor openbare hoorzittingen. Ze gingen ook naar scholen en gemeenschapsevenementen.

De activisten hadden wat relaties met enkele passieve bondgenoten - enkele gemeenteraadsleden, aartsbisschoppen, priesters, de voorzitter van de Plattelands Unie en een gerespecteerde katholieke bisschop. Ze ontmoetten hen één op één en zeiden: "Dit is uw tijd om actief te worden!

Ze bewogen mensen die neutraal en passief waren geweest. Vervolgens gaven ze deze mensen een openbare manier om hun steun te betuigen. Ze organiseerden een mars van het Praça da Bíblia naar het stadhuis. Ze hebben het getimed met de dag dat er over het verbod gestemd kon worden. Duizenden mensen vulden het stadhuis.

De aantallen deden er toe. De keuze om een katholieke bisschop aan het hoofd van de mars te laten staan, deed dat ook. Net als het zien van leden die nog nooit eerder waren komen opdagen.

De raad was overweldigd. Elk raadslid stemde voor het verbod - unaniem! Niemand wilde buitengesloten worden.

Deze campagne bevestigt de kracht van het zien van het spectrum van bondgenoten.

Groepen verspillen vaak enorm veel tijd aan het geobsedeerd zijn door de *actieve oppositie*, ook al beweegt die zelden.

Het spectrum van bondgenoten kan worden gebruikt in vergaderingen om na te denken over waar mensen en groepen staan met betrekking tot een kwestie. Tijdens dit proces kunnen gezonde debatten ontstaan en het kan onze behoefte aan onderzoek blootleggen. Bijvoorbeeld, *"Waar staat die lokale persoon van de vakbond in deze kwestie?"*. Er kunnen discussies ontstaan over wie we moeten benaderen om andere groepen te overtuigen.

Bij het gebruik van deze tool is het belangrijk om mensen eraan te herinneren dat ze specifiek moeten zijn. In plaats van het benoemen van brede groepen zoals "arbeid" of "ondersteuningsgroepen voor kinderen", is het het beste om specifieke groepen of organisaties te benoemen. Dat komt omdat het spectrum van bondgenoten een *organisatiemodel* is - het is nuttig om uit te zoeken wie je gaat bereiken. Dat betekent dat de groepen moeten worden vermeld met namen van mensen die gecontacteerd kunnen worden, zodat je ze kunt bereiken en met ze in contact kunt komen.

Het eerder genoemde goede nieuws is het waard om te herhalen. We hoeven niet iedereen te overtuigen om actieve bondgenoten te worden om onze doelen te bereiken. Neem de abolitionistische beweging tegen de slavernij in de Verenigde Staten als voorbeeld. Als je elke getekende petitie, elke vergadering, elke publieke actie optelt - nog geen 1 procent van de bevolking was *actieve bondgenoot*. Toch was de beweging succesvol.

We hoeven dus niet hyper-gericht te worden op het in beweging brengen van onze *actieve tegenstanders*. Ons werk is om *passieve bondgenoten*, *neutralen* en *passieve tegenstanders* gestaag in onze richting te bewegen. We houden onze *actieve bondgenoten* betrokken.

Op het moment van schrijven heeft de Braziliaanse coalitie 400 gemeenten zover gekregen dat ze een beperkt verbod hebben ingesteld om fracking te stoppen. 8 staten zijn nu bezig met het invoeren van verboden. En de steun voor fracking op nationaal niveau is aan het afbreken.

ZET DE ROTS IN BEWEGING

Soms als groepen besluiten om regeringen als doelwit te kiezen, vallen ze in de valkuil van het denken als lobbyisten. Lobbyisten richten zich niet op wat het publiek wil. Ze hebben privé bijeenkomsten, dure diners en chique evenementen om overheidsambtenaren te overtuigen. Als dat niet lukt, dan vullen ze gewoon de zakken van de ambtenaren.

Fossiele brandstofbedrijven hebben miljoenen uitgegeven aan lobbyen. Ze hebben daar *veel* ervaring mee. Dat is *hun* domein.

Dus wat is de manier waarop de beweging de regeringen van gedachten verandert? Door politici als een ballon te zien.

Een ballon zweeft in de wind. Als je erop blaast, kan hij in de een of andere richting worden geduwd. Hij *volgt* de wind, zoals politici die hun mening en houding gemakkelijk kunnen veranderen.

Maar politici zijn gebonden aan een rots. Als we naar ze toe slaan, kunnen ze naar links of naar rechts zwaaien. Maar, vastgebonden, kunnen ze niet verder gaan dan dat. In plaats van op hen te slaan, zouden we de rots moeten verplaatsen: de geactiveerde sociale waarden van de mensen.

Afhankelijk van onze regering kan het touw langer of korter zijn. Maar politici weten dat ze maar beperkt ver kunnen worden geduwd in de ene of in de andere richting. Als ze de sociale normen absoluut schenden, zitten ze in de problemen.

Dit is van cruciaal belang.

Een aantal jaren geleden dacht ik bijvoorbeeld niet veel na over de klimaatverandering. Ik *gaf* om het milieu. En als je het mij zou hebben gevraagd, zou ik je hebben verteld dat ik om de klimaatverandering *gaf*. Dus ik had de waarde - *maar het werd niet geactiveerd.*

Ik had niet echt iemand nodig om me over de kwestie te leren. Ik had iemand nodig om me *actief* te maken, zodat ik politici, mijn buren, collega's en vrienden kon betrekken. Toen een vriend me vroeg of ik hen wilde helpen om mee te doen aan een campagne over klimaatverandering, zei ik ja. Ik werd geactiveerd. Ons doel bij het verplaatsen van de rots is om campagnes op te bouwen die mensen aanmoedigen om te *handelen* naar hun waarden.

Als we de rots verplaatsen, trekt het alle politici naar ons toe - zonder ieder afzonderlijk onder druk te hoeven zetten.

Als je zo over politici denkt, veranderen er twee dingen.

Het eerste is dat je je realiseert dat ze niet almachtig zijn, zelfs niet onder het meest autocratische systeem. Ze hebben een kiesdistrict dat ze op hun plaats moeten houden - mensen wiens steun ze nodig hebben. (Dit is een herinnering aan de steunpilaren.)

Het tweede is dat we al onze energie zouden kunnen besteden aan de politici. *Maar* de les van Umuarama is dit: De activisten stopten met het proberen om alleen de politici, de ballon te slaan. Ze moesten de steen verplaatsen - en dat betekent het *activeren* van de waarden die mensen hebben.

Mensen kunnen iets geloven. Maar als ze er niets aan doen, kan het de politici niets schelen.

Het punt is dit: Als je doelwit een politicus is, probeer dan niet al je tijd te besteden alleen om ze te *overtuigen* om van gedachten te veranderen. Voel je vrij om het even te proberen. Maar als je nog steeds vast zit, denk er dan aan dat de *efficiëntere* manier om hen - en ook andere politici - te bewegen is om de campagne te gebruiken om te veranderen wat politici denken dat de politieke risico's en mogelijkheden voor ze zijn. Dat doe je door de rots te verplaatsen.

Zo winnen bewegingen. We trekken steeds meer mensen aan onze kant. Terwijl we succesvolle campagnes voeren, laten we de energie van de hele beweging groeien - we krijgen meer interesse, meer opwinding. En dan hebben we te maken met een ander probleem voor het volgende hoofdstuk: groei.

VOLGENDE STAPPEN

Krijg hand-outs voor het Spectrum van Bondgenoten en Hoe een Campagne te bouwen op trainingen.350.org.

Leer meer over deze concepten op de online skill-up cursus "Intro to Campaigning 101" op trainingen.350.org/online-skillups

Hoofdstuk 3: Groei

ORGANISATOREN HEBBEN BIJNA ALTIJD EEN eindeloze lijst met to-do's. We hebben zo veel dingen te doen. Wie nu te bellen. Wanneer de volgende campagne aan te kondigen. De website moet nog worden aangepast. Er is een conflict in de groep dat moet worden aangepakt.

En maar weinig dingen maken die lijst langer dan een succesvolle actie!

Nadat de actie voorbij is, zijn er nog veel meer dingen te plannen. Meer mensen

willen helpen. Er wordt nog meer gevraagd van de organisator. Wat een goede organisator maakt, is niet iemand die de to-do lijst heeft voltooid. Het is iemand die de lijst met gratie kan beheren. Iemand die goede keuzes maakt over wat ze vervolgens gaan doen. En een goede organisator zijn, betekent nieuwe mensen zoeken om te helpen met de to-do lijst.

Dat betekent dat we een structuur moeten ontwikkelen om te groeien. We hebben een manier nodig om de energie te gebruiken en om te zetten in capaciteit.

De groep kan een formele organisatie zijn met een structuur, bestuur en financiers (zoals de Brazilië-campagne). Of het kan een los netwerk zijn (zoals de Mongoolse jongerenorganisatie). Of misschien is het een groep vrienden (zoals mijn campagne tegen piepschuim). Maar het heeft een manier nodig om met die groei om te gaan.

Neem de Amerikaanse burgerrechtenbeweging, vlak na de lancering van de sit-in beweging in februari 1960. De campagne begon met vier zwarte mannen in een gesegregeerd restaurantje. Daar werden ze hardhandig geweigerd om bediend te worden. Binnen enkele weken was de sit-in beweging van studenten door het hele land gegroeid. Sommige groepen hadden successen. Sommige groepen hadden te maken met een mislukking aan de hand van meedogenloze bendes. Maar honderden jonge mensen, zwart en wit, deden mee aan de sit-ins en experimenteerden met dat campagnemodel.

Dit trok de aandacht van de nationale leiders van de burgerrechtenbeweging, zoals Ella Baker. Ella Baker was al langere tijd organisator die luisterde naar wat er gebeurde bij de basis. Ze had zelf haar reputatie opgebouwd, door het organiseren van campagnes voor schoolhervorming en burgerrechten en vrouwenrechten door heel de Verenigde Staten. Ze was een organisator met gezond verstand: ze volgde de energie van de mensen, maakte leiders, en altijd met de houding: "Als we sterke leiders bouwen, hebben we geen sterke organisaties nodig."

Ze werkte toen bij de organisatie van Dr. Martin Luther King Jr., bij de Southern Christian Leadership Conference (SCLC). Ze attendeerde Dr. King op de sit-in beweging.

De jongeren vertegenwoordigden een nieuwe energie. Ze waren gedisciplineerd en geweldloos, met variërende tactieken. Ze geloofden niet in een één leider, en dus wisselden ze af wie vergaderingen faciliteerde. Ze waren stoutmoedig. Ze waren inspirerend en creëerden golven. Ze injecteerden nieuwe energie en urgentie in de beweging. Ze waren ook chaotisch en ongeorganiseerd. Ze waren onduidelijk over hun richting en met weinig samenhang.

Dus toen Ella Baker Dr. King ervan overtuigde om een nationale vergadering te organiseren maakte dat sommige van de sit-in leiders nerveus. Ze maakten zich zorgen dat zou worden overgenomen door de oudere en voorzichtigere groepen. Ze wisten dat de langer bestaande groepen een bepaald respect verwachtten. Dr. King moest ook overtuigd worden, want hij had zijn eigen bedenkingen. De jonge sit-in leiders hebben enorm geprofiteerd van het werk dat hij en anderen hadden gedaan. De leiders en activisten van de burgerrechtenbeweging hadden de aarde rijp gemaakt voor de zaden die de sit-in organisatoren aan het planten waren. Dr. King had enorme persoonlijke offers gebracht en had toegang gecreëerd naar wat voorheen vijandig gebied was. Hij wist dat de sit-in beweging geen vat had kunnen krijgen zonder de media-aandacht en bondgenoten die zijn eerdere campagnes hebben helpen maken. (Sterker nog, sit-ins die jaren eerder waren gebeurd hebben nooit iets bereikt.)

Veel van de sit-in leiders verafgoden Dr. King. Maar anderen spotten met hem. Ze noemden hem 'Da Lawd' en sommigen maakten grapjes over zijn voorzichtigheid.

Dr. King maakte zich zorgen dat hun gevoel dat ze alle antwoorden hadden betekende dat ze niet goed met anderen zouden samenwerken.

Deze generationele spanningen zijn een veel voorkomende dynamiek in bewegingen. We kunnen ontspannen als we het zien. Het gebeurt. Als het niet te persoonlijk en gemeen wordt, kan het groei stimuleren. De bijeenkomst ging door. Dr. King sprak. Andere oudsten van de beweging spraken. Het onuitgesproken doel was om de jongeren onder te brengen in de organisatie van Dr. King, de SCLC.

Ella Baker ging verder dan alleen haar organisatorische rol. Ze drong er bij de studenten op aan om hun eigen organisatie te ontwikkelen. Ze voelde dat hun energie zou wegvloeien als ze bij het stuggere SCLC hoorden.

Ze vroeg leiders in lokale SCLC-groepen om geld te sturen en officiële (en vaak niet-officiële) ondersteuning aan de sit-in organisatoren te geven.

En ze praatte vaak tot diep in de nacht met de sit-in leiders over wat voor soort structuur ze wilden bouwen in de beweging.

De sit-in organisatoren kozen voor een structuur en een naam. Ze besloten om de top-down structuur van SCLC niet te gebruiken met zijn iconische Dr. King. In plaats daarvan zouden ze leiders rouleren en zou iedereen aanwezig zijn bij groepsbijeenkomsten (wat vaak betekende dat hun vergaderingen tot in de vroege uurtjes van de volgende ochtend duurde). Ze kozen de naam Student Nonviolent Coordinating Committee - een naam die nu bekend staat om het winnen van de strijd om zeer belangrijke wetgeving die ervoor zorgt dat mensen van kleur mogen stemmen en voor het tegenhouden van stem onderdrukking.

BEWEGINGEN HEBBEN EEN STRUCTUUR NODIG

Ella Baker toonde enkele belangrijke lessen om bondgenoot te zijn van de beweging. Ze gaf geen leiding, en ze volgde ook niet alleen. Ze handelde niet gebaseerd op haar organisatorische rol, maar ze luisterde naar wat deze groep van de jongeren wilde doen. Ze keek vooruit en zag wat ze nodig zouden hebben voordat ze het wisten. Ze zorgde voor een kans om samen te komen, bescherming tegen overname, middelen en coaching waar dat nodig was. (In haar geval stopte ze al snel met SCLC en sloot zich aan bij SNCC.)

Maar die behoefte om een structuur te creëren is belangrijk voor alle bewegingen en groepen.

De Fossil Fuel Divestment Student Network, in de VS, stond voor dezelfde uitdaging als de sit-in beweging. Ze hadden ook een structuur nodig om vooruit te gaan.

Er liepen lokale campagnes om campussen fossiele brandstoffen te laten divesteren. Sommigen waren goed. Sommigen waren fantastisch. Sommigen waren middelmatig. Sommigen worstelden.

Maar er was geen manier om in de beweging als geheel van elkaar te leren. Geen manier om hun eigen leercurven te ontwikkelen en veranderingen te maken in hun algemene strategie.

Becca Rast, een van de jeugdorganisatoren, legt uit: "We moesten een organisatie creëren waar studenten kunnen leren, groeien en trainen. " Om hiervoor te zorgen hebben ze een Nationaal Coördinatieorgaan voor de Divestment Student Network opgericht dat bestaat uit actieve studenten. Dit coördinatieorgaan hielp de door jongeren geleide beweging door jongeren geleid te blijven. De rollen zijn duidelijk om verwarring te voorkomen (hoewel er altijd enige verwarring is). De nationale organisatie zou niet beslissen over lokale strategie of structuur. Het zou nationale acties beslissen. En nationale woordvoerders kiezen. Het zou nationale bijeenkomsten organiseren en trainingen opzetten, die ook door de lokale activisten gevolgd kunnen worden. Dit paste binnen hun cultuur. De Divestment Student Network zou niet akkoord zijn gegaan met een top-down structuur. Maar het moest wel duidelijk genoeg zijn om hun werk vooruit te helpen. En de structuur werd beloond.

In hun eerste jaar maakten de studenten deel uit van een nationale mars. De mars maakte deel uit van een bredere coalitie. Maar de opkomst bij de jongeren was enorm: 50.000 mensen. De lokale afdelingen hadden hun hoofd bij hun lokale campagnes. Maar de nationale coördinerende instantie had zich voorbereid voor dat moment. Daags voor de mars organiseerden ze desinvesteringsworkshops als onderdeel van een jongerenbijeenkomst. Ze hebben zoveel van de jongeren aangemeld als ze konden bereiken om zich bij de nationale beweging aan te sluiten (en ook bij de lokale beweging). Snel gevolgd door acht trainingen gehouden in het hele land over onderwerpen als de omgekeerde driehoek, hoe te organiseren, het rechtvaardige overgangskader en antiracisme workshops. De energie van hun nationale bijeenkomsten stroomde terug in de lokale afdelingen. Uiteindelijk groeide het aantal activisten. Ze moesten nog een laag toevoegen - regionaal - tussen de nationale en de lokale. Sommige mensen noemen deze structuur het sneeuwvlokmodel, vanwege hoe het is opgebouwd. Welke structuur je ook gebruikt, er zijn enkele lessen in dit verhaal om elke groep te helpen beter te worden in het opnemen van nieuwe mensen.

ACTIE-WERF-TRAIN

Een van de modellen die het Divestment Student Network gebruikte, is het "Actie-Werf-Train"-model.

We voeren een actie uit (en daarover zullen we in het volgende hoofdstuk meer vertellen). En dan wat? We hebben veel mensen die meer betrokken willen zijn! Dus direct daarna (en tijdens!) een grote actie, werven we nieuwe mensen. Werven is iets wat je doet, niet iets wat je mensen laat doen. Zeg dus niet dat mensen zich moeten aanmelden - haal een telefoon tevoorschijn en nodig ze uit. Deel aanmeldingsformulieren uit bij elke actie en laat iemand ze in je contactenlijsten zetten. Laat een aantal computers opstellen waar mensen zich kunnen aanmelden voor vrijwilligerswerk voor specifieke taken. Vlak na de grote People's Climate March hadden de studenten een plan voor het organiseren van de duizenden die zich hebben aangemeld. Een van de belangrijkste lokale afdelingen, Swarthmore College, organiseerde bijvoorbeeld ongeveer tweehonderd mensen om naar de mars te gaan. Op de terugreis in de bussen, deelden de organisatoren flyers uit aan mensen om deel te nemen aan de training slechts vier dagen na de grote mars.

Waarom dit model?

Er is een gezegde: 'Je moet het ijzer smeden als het heet is'. Dat is een deel van het beste organisatieadvies dat je ooit zult krijgen. Mensen sluiten zich aan bij iets als ze er enthousiast over zijn. Als je twee weken wacht hebben ze andere dingen aan hun hoofd. Je wilt hun enthousiasme vangen en er meteen een uitlaatklep aan geven. Je doet dit wetende dat sommige mensen niet door zullen gaan. Maar je gaat proberen zoveel mogelijk mensen van de actie betrokken te behouden - anders vallen ze terug in hun normale leven en niet in de campagne.

Van de 200 die met de Swarthmore studenten naar New York City gingen, kwamen 50 mensen naar de training. En slechts drie voegden zich bij de kern van de lokale groep.

Een reden waarom training zo belangrijk is: training is lesgeven en leren. Het is een manier om vaardigheden en politieke kaders door te geven, leiders te ontwikkelen en het werk eerlijker delen. Zonder training heeft onze beweging een lage leercurve. En dan kan onze beweging zich niet aanpassen aan de veranderingen in de politiek en de tactieken van onze tegenstanders.

Waar je ook een actie (of een training of een wervingsstrategie) plant, het is handig om vooruit te kijken en ervoor te zorgen dat je een planning hebt gemaakt op basis van de Actie-Werf-Train-cyclus. Hiermee kun je snel nieuwe mensen binnenhalen.

ROLGORDIJNTHEORIE VAN LEIDERSCHAP

Duidelijkheid over rollen en wie welke beslissingen neemt is erg nuttig. In het Fossil Fuel Divestment Student Network creëerden ze een nationale organisatie die duidelijke grenzen had. Het behandelde nationale kwesties. Het was niet bepalend voor lokale strategie. Enzovoorts. Een manier om deze grenzen te bekijken is met de rolgordijn theorie. Stel dat je vrijwilliger bent in een lokale groep. Het deel van het raam dat bedekt wordt door het rolgordijn is het deel dat je niet kunt doen zonder toestemming. Misschien kun je geen inzamelingsbrieven sturen zonder contact op te nemen met de leider. De rest van het raam, het deel dat niet bedekt wordt door het rolgordijn, is wat je kunt doen zonder toestemming. Misschien kun je handtekeningen verzamelen voor een petitie en Facebook posts schrijven.

ROLGORDIJNTHEORIE VAN LEIDERSCHAP

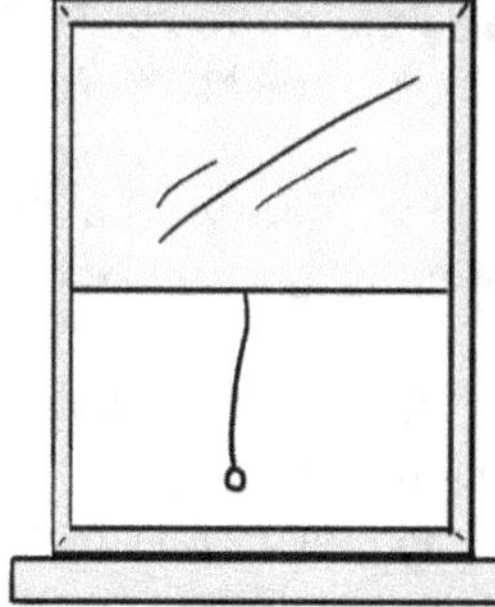

In de overgrote meerderheid van de groepen wordt het rolgordijn nooit gedefinieerd. In dat geval gaat het rolgordijn op en neer afhankelijk van de leider. Misschien voelt de leider zich ontspannen en open, en het rolgordijn gaat omhoog. De vrijwilligers kunnen dus veel zelf doen.

Of misschien ging een actie slecht, en nu wilt de leider meer controle, het rolgordijn komt weer naar beneden.

Een van de snelste manieren om vrijwilligers (en elkaar) uit te putten is om het rolgordijn op en neer te blijven bewegen.

Of je nu een nationale organisatie bent of een lokale leider, het is handig om op te sommen welke acties mensen zelf kunnen ondernemen. En laat ze daarna hun ding doen.

IDENTIFICEER DE KERNWAARDEN VAN "ONS"

Er is vaak een gebrek aan duidelijkheid over structuren binnen een beweging. Dat is omdat we gebaseerd zijn op waarden - niet op betaald lidmaatschap, of functietitel, of een formele structuur.

Wie zegt dat ze deel uitmaken van je groep? Wie kan de groep representeren in de media? Aan politici? Voor financiers of donateurs?

De kern: "Wie zijn we?"

Ik herinner me een ontmoeting van een lokale groep waar ik woon genaamd Earth Quaker-actieteam. Tijdens die bijeenkomst stak een lid haar hand op: "Maak ik deel uit van Earth Quaker-actieteam of niet?" Het is een vaak gezien beeld in vele bewegingen.

Wie zijn *wij*.

Destijds antwoordde ik eenvoudig en zei: 'Ja, als je voor ons campagnedoel staat en met ons wilt samenwerken om dit mogelijk te maken, dan bent je een deel van *ons*. Dat was geen volledig antwoord. Ik had meer tijd moeten nemen met haar en onze waarden moeten uitleggen. We geloofden in geweldloze directe actie (en dat betekende dat we geen traditioneel verkiezingswerk deden).

We waren niet allemaal Quakers, maar we steunden op die geloofstraditie. Enzovoorts…

Met andere woorden, ik moet de tijd nemen om de vragen te beantwoorden over wie we zijn en de waarden waar we voor staan. Hoe verhouden we ons tot gemeenschappen die het eerst geraakt worden? Hoe praten we over rechtvaardigheid en gelijkheid?

Ik heb veel processen gezien om deze vragen uit te werken. En wat het beste lijkt te werken, zijn veel persoonlijke gesprekken om de onderwerpen door te praten.

Sommige mensen maken doelstellingen om deze concepten aan andere mensen te introduceren. Anderen vertrouwen uitsluitend op informele en mondelinge kanalen. Maar je moet mensen helpen te begrijpen wat er nodig is om aan de beweging deel te nemen - zodat ze trots een deel van de beweging kunnen zijn.

DE LADDER VAN BETROKKENHEID

Groeiende groepen staan voor een uitdaging. De organisatoren doen vaak veel van het werk van de groep - en ze worden moe door alles te doen. Ze hebben het Actie-Werf-Train model opgezet. Ze denken aan het rolgordijn voor nieuwe rekruten. En ze delen hun kernwaarden met nieuwe mensen. Een optie voor de organisatoren die moe worden, is dat ze meer en meer blijven opofferen. Ze geven slaap op. Ze offeren school en werk op.

Ze stoppen sociale activiteiten - het gaat altijd over het activisme. Voor de meeste mensen is dat gewoon niet haalbaar.

Dus wat is het alternatief?

Nieuwe mensen ertoe brengen om in leiderschap te stappen.

Een verhaal van Ferrial Adam in Zuid-Afrika geeft ons een voorbeeld.[11] Ze maakte deel uit van een milieu gerechtigheidsorganisatie die werkte met grassroots. Grotendeels geleid door vrouwen, waren ze overheidsbeleid genaamd "Gratis basiselektriciteit" aan het bestrijden. Dat beleid garandeert dat de overheid een bepaald bedrag zal betalen voor elektriciteit aan armere huishoudens (momenteel 50 kWh, ongeveer 5% van het gemiddelde Amerikaanse thuisgebruik).

Dit is een groot probleem, omdat het gebrek aan toegang tot energie hele districten veroordeelt tot armoede. Bijvoorbeeld degenen die geen elektriciteit hebben moeten vertrouwen op koolstof intensieve paraffine, kaarsen of het kappen van bomen. Dit leidt tot een groot aantal negatieve milieu- en gezondheidseffecten.

Dit beleid werd algemeen erkend als een succesvol sociaal rechtvaardigheidsbeleid. Maar degenen die het meest door dit beleid werden getroffen, waren niet aanwezig bij het debat. Daarom begon Ferrial een onderzoek om meer te leren over de daadwerkelijke impact die dit had op huishoudens, wat betekende dat ze naar de arme wijken in de stad Johannesburg ging. Ze begon waar de mensen waren. Haar eerste stap was het vinden van een groep vrouwen die enthousiast was en al bezig was met energieproblemen. Het was belangrijk om te beginnen met het uitleggen van de bedoeling en de noodzaak van het werk. Ze begon door mensen het gebruik van elektriciteit te laten controleren en noteren. Ze bracht veel tijd door met het opbouwen van relaties met vrouwen die de huishoudens runden. Het duurde vele maanden met wekelijkse workshops om mensen te leren het energieverbruik te berekenen van verschillende huishoudelijke artikelen.

Haar rapport was klaar. En ze had de persoon kunnen zijn die het rapport presenteerde voor nationale instanties. Maar toen er openbare hoorzittingen waren gepland om de kosten te verhogen, wilden de mensen waarmee Ferrial werkte meer. Ze vroeg de vrouwen of ze wilden getuigen namens zichzelf. Ze grepen de kans. Ferrial zegt: "Het was zo geweldig en krachtig om al die mensen naar een hoorzitting te zien gaan en te spreken als één geheel over waarom de regering de prijs van elektriciteit niet moet verhogen.

Ze werden onderdeel van de organisatie en namen hun eigen leiderschap aan. Ferrial was niet het verbruik van mensen voor hen aan het berekenen *en* het rapport aan het schrijven *en* aan het praten met de nationale instanties. Ze was aan het organiseren. Ze deed geen dingen die mensen zelf konden doen.

De vrouwen werden ondersteund door stappen van betrokkenheid gedurende de maanden. Zo hebben ze expertise opgedaan over hun eigen elektriciteitsgebruik en onderwijs over nationaal beleid en de effecten van klimaatverandering. Elke stap gaf hen meer vertrouwen om niet alleen te getuigen maar ook sterke gemeenschapsactivisten te zijn.

LADDER VAN BETROKKENHEID

Dit concept wordt de 'ladder van betrokkenheid' genoemd.

De vrouwen zouden niet klaar zijn om te getuigen bij hun eerste stap.

In plaats daarvan moesten ze meer leren over hun eigen situatie. Daarna moesten ze de verhalen van anderen horen en zien dat ze niet alleen waren.

De ladder helpt ons na te denken over wat we moeten doen als mensen zeggen: "Wat je doet is geweldig, hoe kan ik helpen?"

In ons hoofd hebben we onze takenlijst en dingen die we moeten doen.

Maar daar moet je niet beginnen. We moeten denken vanuit het perspectief van die persoon. Dat betekent waarschijnlijk dat onze eerste reactie is: "Laten we praten over wat je van plan bent te doen." En dan gaan we na wat voor soort taken ze misschien bereid zijn om ons bij te helpen - met degenen die aansluiten bij hun interesse en betrokkenheid (niet onze lange takenlijst). Dit is geen vast gegeven en elk persoon is anders. Sommige mensen hebben een absolute hekel aan telefoneren, maar zouden graag het risico lopen van burgerlijke ongehoorzaamheid. Dus praten met mensen over hun interesses is belangrijk.

Denkend aan nieuwere activisten in onze groep met de ladder van betrokkenheid in gedachten helpt ons na te denken over de volgende stap voor hen.

En zoals Ferrial deed, kunnen we verschillende stappen ondernemen om hun niveau te blijven verhogen met inzet en betrokkenheid. Dit cultiveert relaties en helpt mensen te stijgen op de ladder van betrokkenheid, en dat is ook hoe jij, de betrokkenheid van je groep zal vergroten.

WERF MENSEN VAN BUITEN JE SOCIALE KRING

Om meer mensen in het leiderschap te krijgen, moet je natuurlijk veel gesprekken hebben met hen - over de doelen van de campagne en het werk dat je doet. Je moet vertrouwen opbouwen.

En je moet ze vinden!

Soms is het moeilijk om nieuwe mensen te werven, omdat we eraan wennen op dezelfde manier te praten over een probleem. Je hebt misschien enkele manieren waarop je praat over klimaatverandering die je gewend bent. Maar iemand die je wilt rekruteren, praat er misschien niet zo over.

Ze geven misschien niet om klimaatverandering, maar misschien wel om katten. Je kunt ze vertellen dat klimaatverandering de leefomgeving vergroot voor vlooien, teken en muggen. Dat is slecht nieuws voor huisdieren. Het stelt hen bloot aan nieuwe ziekten, zoals West-Nijlziekte, de ziekte van Lyme en hartworm. Of misschien geven ze om voetbal. Klimaatverandering zal voetbal niet tegenhouden op de korte termijn, maar het zal het spel zeker gaan veranderen. Met grilligere klimatologische gebeurtenissen, zie je meer spelen zoals de besneeuwde Wereld Kampioenschap van 2013 kwalificatiewedstrijd tussen de VS en Costa Rica. Het was een ramp.

Of, toename in de verspreiding van Zika (en andere ziekten) met de temperatuurstijging, of, dreigde de warmere temperatuur in Brazilië de Olympische Spelen van Rio 2016 te stoppen.

Of misschien vinden ze het gewoon niet leuk om boos te zijn! Een studie over klimaat en conflict toonde aan dat warmere temperaturen de persoonlijke conflicten van mensen verhogen (met 2% onder vrienden en met 11% buiten hun sociale kring). Hoge temperaturen kunnen dus meer woede veroorzaken.

Maar zelfs als we flexibeler worden in het praten over klimaatverandering, denken veel groepen ten onrechte dat ze alle mensen die gepassioneerd zijn over hun probleem hebben benadert. "Niemand op mijn school geeft om klimaatverandering." Het probleem is vaak niet dat we de mogelijkheden hebben uitgeput in onze stad of dorp - het gaat om hoe we organiseren.

Velen van ons denken bij werving over mensen als individuen. We stellen ons voor dat er mensen verspreid zijn van wie te werven (linkerkant van afbeelding).

SAMENLEVING ZIEN ALS INDIVIDUEN OF SOCIALE KRINGEN

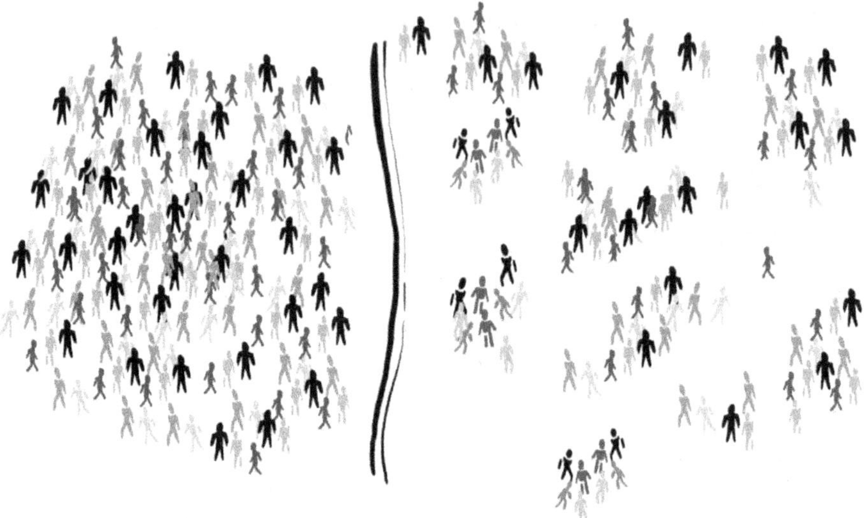

De realiteit is anders. De meeste mensen voelen zich niet zomaar tot groepen aangetrokken als individuen. Vraag rond, en je zult merken dat maar heel weinig mensen betrokken zijn bij een zaak omdat ze een flyer ontvangen, een e-mail krijgen, een poster zien of een Facebook-bericht zien. De meeste mensen worden lid van een groep of raken betrokken omdat iemand die ze kennen hen persoonlijk heeft uitgenodigd. Dat is omdat de samenleving beter kan worden gezien als clusters van "sociale kringen" (rechterkant van afbeelding).

Sociale kringen kunnen worden georganiseerd als formele of informele groepen, religieuze gemeenschappen, bendes, hechte buurten, etc. Sociale media kunnen u het aantal mensen laten zien dat vrienden van vrienden zijn.

De snelste manier om een groep op te bouwen, is door mensen in uw netwerk te vragen - vrienden of familie. Die mensen zullen het meest waarschijnlijk ja zeggen op deze vraag. Maar een groep stopt met groeien wanneer het zijn maximum bereikt van het potentieel van haar leden van mensen uit de eerste sociale kring. Doorgaan om binnen die cirkel te werven, zal misschien niet veel meer mensen binnenhalen.

De truc is om uit je sociale kring te springen en mensen te verbinden met andere sociale kringen.

Enkele manieren om dit te doen:

- Ga naar de evenementen en bijeenkomsten van mensen buiten je cirkel. Dit is een geweldige kans om anderen te ontmoeten, kijk hoe zij werken, en zoek uit waar hun waarden overlappen met je eigen campagne.

- Stop met de tactieken die je altijd al deed, en probeer nieuwe die een ander publiek kunnen aanspreken. Als je tactiek is geweest om marsen, stakingen en massale, ontwrichtende directe acties te organiseren, en het werkt niet, dan is het tijd om aan te passen. Herhaalde acties maken ons voorspelbaar en saai. Mensen willen zich aansluiten bij frisse en interessante groepen.

- Merk op wanneer andere groepen toenadering zoeken bij jouw beweging, en kom erop terug met ze. Als we bijvoorbeeld zien dat er aarzelende bondgenoten zijn van bedrijven en overheden die stappen ondernemen naar ons toe, kunnen we misschien met sommigen van hen relaties bouwen om ze in beweging te houden.

- Doe veel één-op-één ontmoetingen met leiders van andere bewegingen en groepen. Ontmoet verschillende mensen - niet om te werven maar om ervan te leren. Wat zijn hun waarden? Wat interesseert hen? Welke strategieën gebruiken zij om mensen te rekruteren?

- Directe dienst verlenen. Gandhi was een grote fan van wat hij noemde "constructive program", wat betekent niet alleen campagne voeren tegen wat we niet willen, maar ook bouwen aan het alternatief die we wel willen. Klimaatrampen zorgen voor grootschalige en kleinschalige kansen voor ons om daar deel van uit te maken. Directe hulp aan overlevenden van rampen en andere gemeenschapsprojecten plaatsen ons schouder aan schouder met anderen die dingen beter willen maken. Wie kan er beter een pitch horen over het deelnemen aan je campagne?

Buiten je sociale kring groeien kost tijd, maar als het gaat om het bouwen van succesvolle groepen, is het de moeite waard.

VOLGENDE STAPPEN

Ontvang hand-outs voor de ladder van betrokkenheid, rekrutering buiten je sociale kring, en hoe je een basis bouwt: "using one-on-ones" op trainingen.350.org.

Lees meer over deze concepten over de online vaardigheidscursussen "Having Climate Change Conversations" en "Intro to Campaigning 101" op training.350.org/online-skillups

Hoofdstuk 4: Tactieken

IK HOU ERVAN OM OVER TACTIEKEN NA TE DENKEN. Tactieken zijn acties of evenementen die we organiseren, zoals marsen of stakingen of sit-ins. Hier zal ik de woorden *acties* of *tactieken* gebruiken om hetzelfde te zeggen.

Sommige mensen denken dat tactieken de bouwstenen zijn van campagnes. Maar ik geloof niet dat dat waar is. Ik geloof dat *relaties* de bouwstenen zijn van campagnes.

Wat de tactieken doen is uitdrukking geven aan de gevoelens die we in die relaties dragen. Tactieken dragen een toon bij zich. *Zijn we boos? Voelen we ons luchthartig? Voelen we ons dringend en serieus?*

Tactieken zijn echt een soort van brede communicatie. Ze communiceren met het bredere publiek - die mensen op verschillende delen van het spectrum van bondgenoten. Ze zijn de manier waarop we van gewoon *denken* of iets *geloven* naar het uitvoeren ervan gaan.

Ze gaan dus ook over macht. Tactiek is waar we onze macht laten zien en zo proberen we onze tegenstanders onder druk te zetten om het juiste te doen.

Yotam Marom is een ervaren organisator en was een leider in de Occupy beweging, die begon met een bezetting in New York in het financiële district Wall Street. De Occupy beweging toonde de ontevredenheid over het huidige economische systeem en legde de schuld bij de 1% die de macht over de politiek en economische systemen bezitten.

Hij heeft geschreven over enkele van de tekortkomingen van die beweging, inclusief enkele belangrijke reflecties op tactieken:

Een groot deel van wat Occupy Wall Street deed werken, was de bezetting. Het creëerde een manier om onze woede en visie vast te leggen, bracht mensen samen, en gaf mensen een reden om te leren over organiseren. Het wees een vinger op onze tegenstander, en overtrad de regels van wat normaal geacht wordt. En het was verspreidbaar - dus iedereen kan deel uitmaken van de beweging, althans in theorie.

Maar het maakte ook deel uit van onze ondergang. We waren gebonden aan een enkele tactiek, en dat maakte ons minder flexibel. De tactiek was moeilijk te handhaven, het kostte enorm veel energie, en het kwam niet altijd overeen met de lokale context. Onze bezetting een paar straten verderop van Wall Street vertelt dit verhaal, maar wat betekent een bezetting van een parkeerplaats buiten een supermarkt in Indiana?

Omdat we er te sterk op hadden vertrouwd, hadden we geen andere effectieve manieren ontwikkeld om mensen te werven en te verenigen. Met andere woorden, de tactiek werd de beweging. Het verloor zijn betekenis voor het publiek, en ook gaf het onze vijand een duidelijke manier om ons uit elkaar te halen. Als de tactiek de beweging wordt dan is alles wat je hoeft te doen is de tactiek te doden en de beweging gaat mee.

Bewegingen die te veel geassocieerd worden met een enkele tactiek, verliezen het vermogen om te improviseren. Iedereen kan wennen aan wat we weten. En iets nieuws doen is riskant. Als we iets op een andere manier doen, kan het zijn dat het niet in een positief daglicht wordt gesteld, of we kunnen mensen verliezen die het oude leuk vonden dat we aan het doen waren.

Maar het steeds weer gebruiken van dezelfde tactiek geeft ons meestal vergelijkbare (of kleinere) resultaten. En verandering vraagt om opschudding.

In een groep waar ik werkte, hebben we een gelofte afgelegd om nooit een mars of betoging te doen. Waarom? Omdat we fris wilden blijven. We wilden zeker zijn dat onze tegenstanders nog nooit zoiets als ons hadden gezien. Wij wilde ze uit balans houden en zorgen dat ze nooit weten wat ze van ons konden verwachten. Dus we hebben tientallen nieuwe acties bedacht (en, om eerlijk te zijn, hebben enkele marsen en betogingen gehouden).

Dus hier zijn een paar voorbeelden van tactieken waarvan je misschien nog niet hebt gehoord:

DE TOETER-IN - In Libanon toeterden burgers naar parlementsleden om te zeggen: "Uw tijd is voorbij." De tactiek groeide totdat, waar ze ook heen gingen, naar de parlementsleden werd getoeterd. Sommigen veranderden de nummerplaten om te voorkomen dat er overal naar ze werd getoeterd.

NAAKT STRIPPEN - In Noord-Oeganda zijn er sinds de tijd van het kolonialisme nog steeds conflicten over land. Een rijke zakenman eiste illegaal het bezit van land op. Er braken protesten uit. De politie werd gebeld en koos de kant van de zakenman. De lokale gemeenschap vormde een wegblokkade. De politie en de militairen probeerden door te dringen. Toen hebben verschillende oudere vrouwen zich naakt uitgekleed. Dit wordt gezien als een krachtige culturele vloek, een ding van schaamte om te zien. Bij nader inzien brak de minister in vol ornaat in tranen uit en smeekte. Kort daarna kreeg de gemeenschap de aanspraak op hun land terug (en een aantal van de soldaten verontschuldigde zich).

POSTEREN BIJ HUIZEN VAN DE POLITIE - Leden van de bewegingsorganisatie Otpor, in Servië, werden regelmatig door de politie in elkaar geslagen in hun missie om dictator Milosevic er af te zetten. Als tactiek om te proberen de politie aan hun kant te krijgen, vergrootten ze foto's van verwondingen die door de politie waren gemaakt. Ze brachten deze foto's naar de huizen van de beledigende politieagenten, zodat hun buren konden zien wat ze deden. En Otpor escaleerde die tactiek zelfs. Ze vonden de school waar de kinderen van de meest wrede politieagenten naartoe gingen. Ze gingen erheen met borden en vroegen de schoolkinderen: "Ze slaan jonge mensen zoals wij in elkaar, is dat oké?" Dit zorgde voor sociale druk en resulteerde in het negeren van bevelen door de politie en het versnellen van de omverwerping van dictator Milosevic.

TWITTERDEBAT - In Kenia heeft een groep die tegen de Lamu-kolencentrale vecht een "Twitterdebat" gehouden. Op een afgesproken uur zouden de organisatoren een onderwerp voorstellen. Daarna zouden hun leden over het onderwerp debatteren tijdens een Twittergesprek. Zo konden mensen van verschillende universiteiten tegelijkertijd deelnemen. Het was een kans om de argumenten van de mensen te zien. En het verhoogde de kennis van de leden en bereidde hen voor om nieuwe mensen in de beweging te brengen.

FRACKING MAGIE - De campagne tegen fracking in Brazilië geëscaleerde. Toen de regering probeerde een deel van het land te veilen voor fracking, kwamen de organisatoren met een wild idee. Goochelaars maken onmogelijke dingen mogelijk. Ze bedachten dat de overheidsfunctionarissen deden alsof ze goochelaars waren door te zeggen dat je het Amazonegebied kon fracken zonder het milieu te verwoesten. Dus besloten ze de veiling te onderbreken en goocheltrucs te doen en magische glitter over de procedure te gooien. (Ze deden het bijna - totdat de regering over de actie hoorde en onderhandelde over een overeenkomst. De organisatoren vonden de overeenkomst een groot succes).

ACTIES HEBBEN EEN TOON

Al deze acties hebben een toon. Terwijl de Braziliaanse anti-fracking activisten sarcastisch en grappig waren, waren de Oegandese landactivisten zeer serieus. Kan je je voorstellen dat je de Otpor-activisten bent die buiten de huizen van de politie stonden die je in elkaar hebben geslagen? Dit vereiste dat ze erg moedig moesten zijn - en ze deden het op een zeer serieuze, zelfs uitdagende en boze manier.

Als je een tactiek aan het ontwikkelen bent, kun je je toon kiezen. Dit is een manier waarop bewegingen de gevoelens van de mensen uitdrukken. Neem een eenvoudige mars. Het is een tactiek waarbij mensen van de ene plaats naar de andere gaan. Maar de toon kan heel verschillend zijn:

WATER IS LEVEN - Canadese demonstranten besloten druk uit te oefenen op hun nieuw gekozen premier Justin Trudeau. Het was slechts een paar dagen na zijn verkiezing. Maar ze wilden niet wachten. Ze wilden hem meteen onder druk zetten. Dus gedurende enkele dagen stonden ze buiten zijn residentie, en vroegen ze hem om een klimaatheld te worden. Elke dag werden de protesten geleid door gebeden van inheemse leiders. Op de derde dag droegen de demonstranten water bij zich. Het water kwam uit kwetsbare gebieden waar fossiele brandstofbedrijven het land wilden ontginnen. De huiveringwekkende gebeden en de hartverscheurende verhalen over het water weerklonken toen de mensen naar de woning van Trudeau marcheerden. De toon was somber.

RAISE THE HEAT - In Australië was er een grote strijd om negen nieuwe kolencentrales in het Galilee Basin tegen te houden. Met een vijandige regering en goed aangesloten steenkoolbedrijven zou het moeilijk zijn om te stoppen. Demonstranten besloten dat om de centrales te stoppen, ze zich zouden richten op de banken die de projecten financieren.

Een van de grootste was CommBank. En tijdens een week van "Raise the Heat" acties, trokken demonstranten in de stad Canberra zwarte formele kleding en gele sjaals of hoeden aan. Ze brachten percussie-instrumenten mee voor een levendige mars naar de kantoren van CommBank. En ze brachten een kist vol nepkolen mee - als symbool voor deze dode investering.

De actie had muziek en was een mix van serieus maar ook hoopvol. De toonzetting was toekomstgericht en getuigde van een positieve visie op een wereld zonder kolen.

DRACULA STRATEGIE - In Frankrijk werd de druk opgevoerd om alle nieuwe projecten voor fossiele brandstoffen af te breken. Demonstranten hadden net een meerjarige campagne gevoerd om fracking te stoppen en waren klaar voor meer. Activisten zagen dus een kans toen de fossiele-brandstofbedrijven een grote top over kustboren organiseerden. Alle grote fossiele-brandstofbedrijven zouden er zijn, zoals Total, Shell, BP en Exxon Mobil. 350 organisator Nicolas Haeringer beschrijft hun strategie als "Les vampires sont tués par lumière," wat betekent "Vampiers worden gedood door het licht". Ze besloten om zeer confronterend te zijn om het profiel van al deze verachtelijke bedrijven te verhogen. Activisten planden sit-ins en grote blokkades. Ze voegden marsen toe aan de mix, waarbij sommigen zich opbouwden tot pogingen om voorbij de politiebarrières te komen en in de vergaderingen te komen. In deze context waren de marsen confronterend, zelfs boos. De toon was uitdagend en boos.

HET DREIGENDE BEDANKT - Ik maakte deel uit van een campagne waarbij onze aarzelende gemeenteraad (bijna) alles had gedaan wat we van hen vroegen. Het was vreemd, want ze waren zeker geen bondgenoten.Maar ze voelden onze druk en gaven dus toe aan onze eisen. Aan het eind van het jaar wilden we een actie om hen te laten weten dat de druk nog steeds op hen rustte. Maar het was niet zo dat ze een vijandig doelwit waren. Wat hebben we dan wel gedaan?

We hebben kartonnen "Standing with the People" prijzen gemaakt. We hebben er eentje gemaakt voor elk gemeenteraadslid. We liepen buiten het stadhuis - en betraden vervolgens de gemeenteraad tijdens hun reguliere werkzaamheden. We onderbraken de vergadering door harder dan de voorzitter van de gemeenteraad te schreeuwen. We kondigden aan dat we ze prijzen gaven! We gaven elk raadslid snel een eigen prijs, voordat de politie ons allemaal naar buiten escorteerde.

Het was een boodschap van aanmoediging en een bedreiging. De toon was vriendelijk, doorspekt met een waarschuwing.

Zoals je kunt zien kan dezelfde tactiek gemakkelijk een breed scala aan tonen hebben.

Je kunt de toon kiezen door middel van de symbolen, de acties, de sprekers en de framing van de actie. Op deze manier kun je je verbinden met het gevoel van de mensen die je organiseert - want acties gaan over de expressie van wat er in mensen zit.

Dat is belangrijk, want de kwestie van de klimaatramp heeft altijd wel ergens in de mix gevoelens van wanhoop. Mensen maken zich zorgen dat "Het te laat is" om onze planeet te redden. We moeten de juiste toon aanslaan met waar onze mensen zijn.

Een geforceerde toon van hoop, bijvoorbeeld, kan mensen zich slechter laten voelen. Als we zeggen: "We kunnen winnen!" en nooit de angst van mensen aanspreken dat we misschien niet winnen, kunnen we ze in een slechtere toestand achterlaten.

De Pacific Climate Warriors hebben mij op dit punt geïnspireerd. Velen van hen wonen op eilanden die onder water dreigen te komen als de zeespiegel stijgt. Ze hebben een uitdrukking verzonnen: "We verdrinken niet, we vechten." Het is een tartende toon - een toon die niet accepteert dat je als slachtoffer wordt gezien.

In plaats van een toon aan te slaan omdat het is wat je ziet dat anderen doen, neem je contact op met je mensen en hun gevoelens. Laat de toon een weerspiegeling zijn van wat er in je mensen zit.

TACTIEKEN AANPASSEN AAN EXTERNE GEBEURTENISSEN

Zien hoe flexibel we kunnen zijn over de toon, helpt ons te zien dat we de tactiek kunnen aanpassen aan onze behoeften. Dezelfde tactiek kan op veel verschillende manieren worden toegepast.

Als we dat begrijpen, geeft het ons veel flexibiliteit - zelfs als we een kleine, lokale groep zijn.

Ik ben opgegroeid in een kleine stad. Vroeger geloofde ik dat de grote strategische beslissingen van ver weg kwamen. Het leek alsof de grote, stedelijke steden of verre netwerken besloten wat we moesten doen (grote wereldwijde actiedagen of massamobilisaties).

Maar als we leren om de tactiek aan te passen, kunnen we flexibeler zijn. We kunnen de behoeften van de lokale campagnes afstemmen op wat er op nationaal of mondiaal niveau gebeurt.

Ik maak bijvoorbeeld deel uit van een lokale organisatie voor klimaatrechtvaardigheid, Earth Quaker Action Team. Er was een nationale belofte om te proberen de Keystone XL pijpleiding te stoppen - een enorme pijpleiding in de VS die tot 700.000 vaten olie per dag zou vervoeren!

De belofte was een slim idee: Laat mensen zich verplichten tot burgerlijke ongehoorzaamheid voordat de plannen voor de pijpleiding worden goedgekeurd. De nationale organisatoren moedigden mensen aan om zich aan te melden en te mobiliseren voor een grote sit-in in Washington, DC.

Onze lokale groep wilde de inspanningen ondersteunen. We wilden niet achterblijven bij een belangrijke, spannende nationale campagne. Plus, we waren collega's en vrienden met mensen die de geweldige campagne om de Keystone XL te stoppen, leidden.

Maar... we wilden ook onze eigen lokale campagne niet onderbreken. We waren echt druk bezig om een lokale bank te laten stoppen met het investeren in de bergtop-verwijdering van kolen. We hadden onlangs enige vooruitgang geboekt met ons doel. En onze campagne had net een aantal nieuwe leden gekregen. We wilden de energie op peil houden.

Wat te doen? We hadden een manier nodig om onze lokale actie te laten samengaan met de nationale actie. En we vonden het door ons te richten op de Actie-Werf-Train cyclus.

We moesten de nieuwe mensen die we net hadden geworven "trainen". Daarom hebben we de vraag van de nationale campagne (de belofte om burgerlijke ongehoorzaamheid te doen) gekoppeld aan een training voor mensen in onze campagne.

We lieten mensen de belofte publiekelijk ondertekenen en deden vervolgens een oefening in burgerlijke ongehoorzaamheid gericht op het lokale kantoor van het Keystone XL-doelwit (het Amerikaanse ministerie van Buitenlandse Zaken). We veegden hun kantoren (om te proberen de corruptie op te ruimen) totdat de politie ons uit het gebouw verwijderde. We koppelden de actie aan een lange voorlichting om mensen te leren over de theorie van geweldloosheid en waarom we een geweldloze directe actiecampagne deden.

Het was een win-win.

De nationale groepen kregen meer handtekeningen, meer aandacht en meer mensen die bekwaam waren in directe actie. En onze lokale campagne kreeg een boost van nieuwe mensen die zich bij ons aansloten omdat we iets met Keystone deden en we gebruikten dit moment om nieuwe vaardigheden op te bouwen voor onze nieuwere groepsleden.

Er zijn zelden perfecte wedstrijden waar alles soepel verloopt. En soms is het oké om de beslissing te nemen om geen deel uit te maken van elke nationale actie of om sommige acties te laten vallen in je lokale activiteiten. Dat zijn misschien ook de juiste keuzes!

In Occupy experimenteerden lokale groepen met het veranderen van de locatie. Toen Occupy in de VS werd gelanceerd, lanceerden sommige steden zoals Mineapolis en Atlanta variaties. Ze zouden huizen bezetten waar de grote banken mensen dreigden uit te zetten. De tactiek werd een praktische manier om mensen te helpen hun huizen te behouden.

Het concept hier is belangrijk: Maak de acties van jou. Pas ze aan je lokale behoeften en situatie aan.

Dit is vooral belangrijk nu lokale klimaatrampen toeslaan en we ons moeten aanpassen.

Het aanleren van deze vaardigheid helpt ons om meer succesvolle acties te organiseren. En dat brengt zijn eigen uitdagingen met zich mee.

PLAN TWEE ACTIES VOORUIT

Na een succesvolle actie is de meest voorkomende vraag die ik krijg: "Dus wat is de volgende actie?"

Als organisator haat ik het om hier geen antwoord op te hebben. Het is een gemiste kans als we moeten antwoorden: "We laten het je weten. Houd de Facebook in de gaten."

Hoe veel beter om dit antwoord te hebben: "Bewaar volgende week vrijdag voor een andere actie!" (of, in ieder geval, "Kom naar onze vergadering volgende week om ons te helpen het uit te zoeken").

Daarom raad ik de groepen aan om twee acties op voorhand te plannen. Op die manier is de tweede al gepland, wanneer de eerste plaatsvindt.

De kracht van tactiek als onderdeel van een strategie komt pas echt naar voren als we ze aan elkaar rijgen. Elke tactiek kan op de andere voortbouwen om de kracht ervan te vergroten.

Acties die ver genoeg van tevoren worden aangekondigd, geven onze tegenstanders ook tijd om zich zorgen te maken. Organisator Saul Alinsky zei altijd: "De dreiging is meestal angstaanjagender dan het ding zelf." Hier is een voorbeeld van hoe deze dingen samenwerken.

Jaren geleden werkte ik aan een ongewoon geplande campagne. Deze campagne laat de elementen zien waar we het over hebben gehad - spectrum van bondgenoten, werving buiten je kring, de omgekeerde driehoek. Dit plan werd aangepast door verschillende generaties organisatoren, waaronder de Canadese geweldloze strateeg Philippe Duhamel. Het is overgenomen en aangepast voor andere campagnes (misschien zal de jouwe het gebruiken!).

We hadden twee gigantische ongewenste casino's die voor onze stad werden voorgesteld. De gemeenschap werd bij elke stap buitengesloten. Geen publieke inbreng. Geen betrokkenheid. Er werd van ons verwacht dat we ons zouden omdraaien en het op zouden geven.

We wilden meer dan een demonstratie. We wilden een manier om de waarden van onze beweging in te bedden in onze actie.

We bepaalden ons doelwit: de politici die de casino's hadden goedgekeurd. En we keken naar de steunpilaren. De casino's hadden eigenlijk iedereen in hun hoekje: stadsambtenaren, staatsambtenaren, media, rechters, academici... zowat iedereen met enige macht. Het leek hopeloos. En het gebeurde allemaal zo snel dat we geen tijd hadden om de informatie te verwerken. (Klinkt bekend?)

Dus zetten we een dilemma op. We gaven ze een maand de tijd om alle documenten die geheim waren gehouden vrij te geven. Deze documenten waren onder andere terreinplannen, sociale impactstudies, milieuplannen, architectonische weergaven en economische onderzoeken. "We verzoeken om al deze documenten openbaar te maken voor 1 december op het middaguur", kondigden we aan. "Als dat niet het geval is, dan zijn we gedwongen om ze zelf op te halen, naar het hoofdkwartier van de Gaming Control Board te gaan en een burgeronderzoek uit te voeren om ze te bevrijden."

We maakten een tijdlijn van acties. En omdat we staan voor transparantie, maakten we het openbaar zodat iedereen het kon zien. Hier is een snel overzicht van hoe onze acties zijn verlopen:

30 oktober - Trick or Treat: Ultimatum leveren
We brachten Halloween traktaties en vergrootglazen naar de burgemeester en de gemeenteraad. Oh - en we gebruikten het faxapparaat van de burgemeester (het is tenslotte van ons!) om onze eis aan de gouverneur te faxen dat alle documenten voor 1 december openbaar worden gemaakt, anders zouden we gedwongen zijn om ze zelf te zoeken.

Een paar persbureaus ontdekten ons. Slechts vijf of zes mensen sloten zich aan bij deze actie (en, om eerlijk te zijn, twee van hen waren mijn huisgenoten).

13 november - Gaming Board "Publieke" hoorzittingen
We probeerden te voorkomen dat we te veel op de tijdlijn van de oppositie zouden reageren. Het vasthouden aan onze tijdlijn maakte ons sterker. Maar ze hielden een grote hoorzitting, en we dachten dat de mensen zouden komen. Dus planden we een actie. We gingen eropuit met een loep en probeerden speels

alle casinobestuurders en advocaten te doorzoeken die de vergadering binnengingen ("Hebben jullie de documenten?" vroegen we, met onze loep in de lucht).

De pers begon ons serieuze vragen te stellen. En een paar bondgenoten begonnen te luisteren toen we ze om hun steun vroegen. Twee andere mensen stemden ermee in om de zoektocht naar documenten met ons uit te voeren.

20 november - Aflevering van petities en Ramen Wassen voor Transparantie

We gingen naar de kantoren van de Gaming Control Board... om hun ramen te wassen. Je weet wel - om ze te helpen transparanter te worden. (We hebben ook petities overhandigd).

Dit was erg leuk - en rond deze tijd begonnen de mensen enthousiast te worden over wat we aan het doen waren. Onze toon was licht en speels.

En onze acties kregen goede aandacht in de pers. We gebruikten de pers als een manier om druk uit te oefenen op ons doelwit (we drongen er bij verslaggevers op aan om hen moeilijke vragen te stellen). En we bleven bij buren aankloppen om zich bij ons aan te sluiten. De meesten hadden nu over ons gehoord en waren, als ze niet ondersteunend waren, nieuwsgierig.

23 november - Thanksgiving aan Klokkenluiders van de Wereld

We schreven steunbrieven, waarin we mensen binnen de Gaming Control Board aanspoorden om klokkenluiders te worden. We gaven ze bruine enveloppen om met de documenten naar ons terug te sturen.

Eerlijk gezegd hebben we dit nauwelijks voor elkaar gekregen. De tijdlijn was te kort (slechts drie dagen na de andere actie? Ik zou het nooit meer zo snel doen!). Maar we hebben in ieder geval onze belofte waargemaakt.

1 december - Einde Ultimatum

We hadden publiekelijk verklaard dat als de documenten niet openbaar zouden worden gemaakt, we gedwongen zouden zijn om aan te kondigen dat we van plan zijn om ze zelf te gaan zoeken.

Maar let op, op deze dag hebben we de actie niet gedaan. We hadden alleen maar een persconferentie. We gebruikten de tijd in ons voordeel - om onze tegenstanders nerveuzer te maken ("Wat komt er nu?"). En de tijd hielp onze aarzelende bondgenoten. Dit was de eerste dag dat politici onze campagne begonnen te steunen.

10 december - Training in Geweldloze Documenten Zoektocht

Training is zo belangrijk! We leren dingen - en de training was een kans om meer mensen te werven. Drie nieuwe mensen meldden zich aan om de actie te doen na het bijwonen van de training!

11 december - Geweldloze Documenten Zoektocht

Onze actie was onze boodschap. We probeerden naar hun kantoren te gaan en de documenten te bevrijden.

Het dilemma plaatste onze oppositie in een tweeledige bres. Als de Gaming Control Board de documenten geheim hield, bevestigden ze de publieke verdenking dat ze iets schandaligs verborgen hielden. Als ze de documenten vrijgaven, behaalden we een overwinning voor de transparantie. Wat de uitkomst ook zou zijn, wij winnen, en zij verliezen.

En wat gebeurde er?

De Gaming Control Board wilde ons de documenten niet geven. Ze belden de politie, die veertien van ons arresteerde (we werden beschuldigd van lichte overtredingen).

Maar in de dagen daarna kwamen er mensen op voor ons. Meer gekozen bestuurders. Meer vakbondsleden. Milieuactivisten begonnen de schade te zien die deze casino's zouden aanrichten. En schuchtere politici, zoals windwijzers, wezen onze kant op.

De campagne voor transparantie kwam tot een einde toen de Gaming Control Board bijna elk document dat we vroegen vrijgaf.

Maar campagnes houden daar niet op. Campagnes creëren nieuwe campagnes - en het was een jarenlange strijd die we moesten winnen, net zoals het voor ons zal zijn op het gebied van klimaatverandering.

En in de campagne kun je zien hoe deze onderdelen samenkomen: het zetten van een toon (de onze was speels), het aanpassen van de tactiek aan externe data (het integreren van de hoorzitting met ons schema), en het van tevoren plannen van de tactiek (als we dat niet hadden gedaan, hadden we het vast niet kunnen volhouden).

Nog een theorie over tactiek zal helpen als we de juiste tactiek voor ons zoeken.

DILEMMA DEMONSTRATIES

Je hebt waarschijnlijk gezien dat groepen de wegen blokkeren of sit-ins doen bij politici. Soms werken ze, en soms doen ze dat niet - dat geldt voor elke tactiek.

Maar één ding dat ons spectrum van bondgenoten vaak uitschakelt, is als we hen *in de weg staan, maar geen legitieme reden lijken te hebben waarom.* Wij weten dat onze zaak juist is - maar het is voor onze campagne van belang hoe onze potentiële bondgenoten onze tactiek zien.

Ik denk vaak aan een tijd dat ik toekeek hoe andere demonstranten het verkeer blokkeerden toen de Republikeinse Partij op bezoek was in mijn geboortestad. De demonstranten wilden een verstoring veroorzaken. Maar de mensen die werden verstoord waren mede-Philadelphians. Eén schreeuwde uit haar raam het sentiment van veel mensen in mijn stad: "Ik haat de Republikeinen ook - maar ik moet mijn kinderen gaan ophalen."

De tactiek had niet het beoogde effect.

We kunnen deze mogelijkheid niet uitsluiten. Maar we kunnen het wel verminderen.

Misschien is een van de belangrijkste lessen die we kunnen leren voor bewegingen die de confrontatie willen aangaan, hoe we *dilemma demonstraties* kunnen creëren. Dilemma demonstraties zijn acties die het doelwit dwingen om je te laten doen wat jij wilt, of om als onredelijk te worden beschouwd omdat ze je ervan weerhouden om het te doen.

Dilemma demonstraties zijn een voordeel, hoe de tegenstander ook reageert. De Burgerrechten sit-in activisten gaan in een lunchroom zitten en vragen om een kopje koffie. Als ze een kopje koffie krijgen, geweldig - een andere discriminerende praktijk valt! Als ze in plaats daarvan gearresteerd of in elkaar geslagen worden, hebben de activisten nog steeds een voordeel. Het geweld dat ten grondslag ligt aan het racisme wordt blootgelegd en de beweging groeit.

Het geheim van het ontwerpen van een dilemma is dat de campagnevoerders een voordeel voor zichzelf moeten creëren, wat er ook gebeurt. Het zou niet werken als de demonstranten geen voordeel konden creëren - als de sit-in organisatoren bijvoorbeeld het krijgen van de koffie (of het geslagen en opgesloten worden) als een nederlaag beschouwden.

In de transparantiecampagne tegen de casino's *deed* de documenten zoekactie wat we wilden.

Dit is de kern van de meest krachtige directe acties.

Deze zijn enorm verschillend van tactieken als bijeenkomsten, demonstraties of waken, die symbolisch van aard zijn. En ze zijn anders dan andere directe acties zoals een algemene blokkade, die automobilisten belemmert maar waarvan het doel niet duidelijk is door de actie. Dilemma demonstraties nemen een stukje van onze visie en voeren dat uit.

Dat geeft ze *actielogica*. Actielogica is de mate waarin de buitenstaander de betekenis van de actie kan begrijpen omdat de boodschap ervan ingebed is in de actie zelf, niet in een bord.

Dilemma demonstraties zijn zeer effectief gebruikt:

- Geconfronteerd met een gigantische pijpleiding die door hun grondgebied werd aangelegd, richtte Standing Rock Sioux oudere LaDonna Brave Bull Allard een kamp op. Het kamp was een fysieke barrière die de pijpleiding blokkeerde, maar het was meer dan dat. Het was een kamp voor cultureel behoud en spiritueel verzet. Het kamp werd een internationaal symbool, ook al was het eigenlijke kamp ook een fysieke verschansing tegen de pijpleiding.

- In dezelfde campagne tegen de Keystone XL-pijplijn zijn opnieuw dilemma demonstraties gehouden. Inheemse gemeenschappen, landeigenaren, boeren en ondersteunende organisaties hebben Solar XL gelanceerd. Deze keer plaatsen ze actieve zonnepanelen ("een golf van hernieuwbare energie verzet") direct in het traject van de voorgestelde pijpleiding. De tegenstanders staan telkens voor een dilemma: een kamp of zonnepanelen wegvagen - of de pijpleiding laten blokkeren?

- Gandhi was een tactisch genie en creëerde een briljante dilemma demonstratie. De Britse bezetting van India onderdrukte zijn volk op vele manieren. Hij wilde een actie bedenken die op andere plaatsen kon worden nagebootst, zinvol zou zijn en de Britse macht zou uitdagen. Hij wist dat zout iets was wat iedereen nodig had om te leven. En de Britten verdienden veel geld omdat zij de enige waren die zout mochten verkopen. Dus begon hij een hele campagne van mensen die hun eigen zout maakten. Als ze zout hadden mogen maken, zouden ze blij zijn geweest. Maar het Britse rijk koos voor repressie - en dat deed het idee dat de Britten het recht hadden om over India te regeren, verbrijzelen en hun vertrek bespoedigen.

- Neonazi's marcheerden regelmatig in een kleine stad in Duitsland. De bevolking was er niet blij mee. Maar de tegendemonstraties hebben nooit veel opgeleverd. Dus kwam de activistische groep Recht gegen Rechts met een andere strategie - een "onvrijwillige walkathon". Voor elke meter die de neonazi's marcheerden, werd geld gedoneerd aan een organisatie die gespecialiseerd was in het helpen van voormalige neonazi's om aan die beweging te ontsnappen. Het dilemma was duidelijk: als ze ervoor kozen om te marcheren, creëerde het geld. Maar als ze er niet voor kozen om te marcheren, nou ja, dat is wat de stad al die tijd al wilde.

- Een wijk in mijn stad Philadelphia had geen vuilnis of recycling dat opgehaald werd. Ze organiseerden een buurt vuilnisophaaldienst en stuurden een rekening voor de diensten die ze leverden. Toen het niet betaald werd, dumpten ze het afval van de volgende week voor het stadhuis. De stad vond geld om de volgende week het vuilnis op te halen!

- De Pacific Climate Warriors vonden een dilemma demonstratie door terug te grijpen op hun oude tradities om hun eilanden te redden. Met steun van de oudsten bouwden ze handgesneden traditionele kano's. Krijgers uit 12 verschillende landen namen deze kano's mee naar Newcastle, Australië. Dat is een van de grootste kolenhavens ter wereld. Een dag lang namen de krijgers de kano's mee en blokkeerden de kolenhaven - ze werden geconfronteerd met gigantische kolenschepen die door het kanaal voeren. Hun actie was hun boodschap: de toekomst is geworteld in onze vroegere tradities, niet in meer steenkool.

Als het ons lukt om dilemma demonstraties te bedenken, versterken we onze campagnes. Deze acties zijn voor onze oppositie onmogelijk te negeren - en dwingen hen om een moeilijke keuze te maken (ons te onderdrukken, of de beweging een concrete winst te laten behalen).

VOLGENDE STAPPEN

Verkrijg hulpmiddelen voor creatieve tactieken in je groep, zoals "Action Accordion" en "How to create a campaign plan: the paper plate challenge" - en ontdek hand-outs over het creëren van krachtige acties met een sterke actielogica op trainingen.350.org.

Leer meer over deze concepten in de online skill-up cursus "Advanced Campaigning" op trainings.350.org/online-skillups.

Hoofdstuk 5: Afsluiting

VEEL VAN ONS ONDERVINDEN NU AL de gevolgen van de klimaatcrisis. Buiten mijn raam kan ik zien hoe een stijgende zee de getijden van mijn rivier beïnvloedt. Ons ongewoon warme seizoen verstoorde de vogeltrekpatronen. Hittegolven nemen toe en waar ik woon bedreigen ze de gezondheid van de ouderen.

Dit zijn verontrustende feiten, want er komen nog ergere dingen aan. Zelfs als we er op de een of andere manier in slagen om snel te winnen, zijn de gevolgen van wat we al met de Aarde hebben gedaan verstrekkend.

Daardoor kom ik terug op wat ik denk dat de bouwstenen van de bewegingen zijn: *Relaties.* Relaties met elkaar. Met onszelf. Met onze bewegingsoudsten en de familiaire geesten van degenen die ons voorgingen. Met onze mede-planten- en dierenwereld. Met onze Moeder Aarde.

Bewegingen zijn op hun best als ze liefde kweken. Ze zijn een *daad* van collectieve hoop in het vooruitzicht van moeilijke tijden.

In onze groepen en campagnes bouwen we relaties op. Deze webben en weefsels van gemeenschappen zijn de manier waarop we deze crisis zullen doorstaan. Het zullen netwerken zijn om ons aan te passen, om te veranderen en om weerstand te blijven bieden, zelfs als individuen in en uit hun rol kunnen verschuiven. Onze tederheid en zorg voor elkaar tijdens elke stap brengt ons dichterbij.

Om dat te doen, moeten we liefdevol in onszelf blijven. Het is belangrijk dat we gezonde grenzen stellen aan onze mentaliteit, zodat het snelle tempo, de urgentie en de eisen van het leven ons niet overweldigen. Zoals de huid een grens vormt tussen ons en de rest van de wereld, zo hebben we grenzen nodig - met nieuws, met onze sociale media bronnen. Dat betekent dat we pauzes moeten nemen van sociale media. En bewust zijn van wat we doen na het luisteren naar het nieuws, zodat het ons niet de hele dag door bombardeert.

Die grenzen zijn goed. En we hebben openheid nodig - om ons open te stellen voor degenen die we kennen die de gevolgen van de klimaatcrisis ondervinden. Onze harten moeten open blijven - en breid die liefde uit naar iedereen die lijdt. Dat houdt ook in dat we moeten zoeken naar verhalen over hoe anderen zich hebben verzet tegen onrechtvaardigheid. Het bestuderen van onderdrukking maakt ons niet sterker; het is het bestuderen van verzet dat ons de vaardigheden leert die we nodig hebben.

Door het bestuderen van het verzet leren we hoe mensen de balans hebben gevonden om dit te doen. Er was een scala van hoe de Mongoolse studenten zich gedroegen. Sommigen ontkenden het verzoek van hun ouders om te stoppen en zich gewoon te concentreren op het schoolwerk. Ze besloten dat het moment te belangrijk was. Anderen gingen in golven - het steunen van grote momenten en zich dan terugtrekken om schoolwerk in te halen. En elk van hen zocht het ritme uit dat voor hen en hun situatie goed was. Bewegingen hebben zoveel rollen nodig - er zijn zoveel manieren om deel te nemen.

Deze en andere dingen beschermen onze mentale gezondheid voor de lange termijn. De urgentie van nu betekent dat we diep moeten aarden. We moeten blijven delen wat we leren met anderen - zodat we elkaar kunnen steunen om onze weg te vinden.

Het is wanneer we gegrond zijn dat we het sterkst in het opbouwen van campagnes stappen die spreken tot de ziel en de liefde en de geest. We bewegen de rots van geactiveerde sociale waarden en het spectrum van bondgenoten als we uit ons hart komen. We vinden die creatieve tactieken niet wanneer we in onze geest begraven zijn, maar wanneer we vol met creativiteit zitten.

Daarom ben je van belang in de voortgang van dit proces. Dus gebruik dit boek alsjeblieft. Help ons klimaat te verbeteren. Doe met ons mee om het tij van deze dreigende klimaatcrisis te stoppen. En blijf diep, breed en dapper liefhebben.

Over de bijdragers

Daniel Hunter is Associate Director van Global Trainings bij 350.org. Hij heeft zijn leven besteed aan het ondersteunen van grassroots activisten over de hele wereld om hun volle hart in actie te laten zien. Hij schreef een leuk, levensecht verhaal over hoe campagnevoeren eruit ziet in Strategy and Soul.

Hij is ook auteur van Building a Movement to End the New Jim Crow en heeft een bijdrage geleverd aan de boeken Beautiful Trouble en We Have Not Been Moved. Hij heeft verschillende websites gelanceerd om mensen te leren over sociale verandering, waaronder FindingSteadyGround.com, de Global Nonviolent Database, en recentelijk Trainings.350.org.

J'ziah Cook (kunstenaar) is een beeldend kunstenaar die houdt van enge films en kunst en een hekel heeft aan pittig eten. Hij houdt (en haat) ook (van) zijn school, University of the Arts in Philadelphia.

Je kunt meer van zijn kunstwerken @virgo_artistry zien op Instagram. Of je kunt hem mailen op jziahabundantcook@gmail.com.

Daphne Philippoussis (kunstenaar) is een beeldend kunstenaar die graag de kunst verkent - hetzij in de muziek, hetzij in de beeldende kunst. Ze houdt van Margaret Atwood en de regen die tegen haar raam slaat. Ze gaat studeren aan de Tyler School of Art aan de Temple University.

Je kunt meer van haar werk zien @killedmykactus. Of je kunt haar mailen op dphilippoussis@icloud.com.

Greta Thunberg (voorwoord) is een activiste die begon te protesteren tegen het gebrek aan voldoende actie van haar Zweedse regering met betrekking tot de klimaatcrisis. Ze begon Skolstrejk för klimatet ("Schoolstaking voor het klimaat"), waar ze de school uitliep en buiten het parlement zat.

Bas Breet (vertaler) is actief bij Fridays For Future Nederland en Extinction Rebellion. Tijdens zijn tussenjaar wil hij zich onder andere inzetten voor de scholing van jonge activisten. Hij vindt een intersectioneel perspectief op de klimaat- en ecologische crisis belangrijk.

Dana Seggev (vertaler) is actief bij Fridays For Future Nederland sinds de oprichting ervan. Ze zet zich in voor klimaatbeleid dat ongelijkheid in de samenleving verkleint. Ze is gepassioneerd over het op weg helpen van nieuwe activisten.

Tom Vermolen (vertaler) is vrijwilliger bij Fridays for Future Nederland. Hij wil graag ons enige thuis, de Aarde, en alles wat er op leeft, beschermen en doorgeven aan toekomstige generaties.